北京市对口援疆的法治保障研究

BEIJINGSHI DUIKOUYUANJIANG DE FAZHIBAOZHANG YANJIU

高玉 ◆ 著

上海三联书店

目录

导　论

第一节　研究背景及研究动态

一、研究背景

对口援疆是国家战略，是促进新疆少数民族地区经济发展、维护新疆稳定和加强民族团结的重大举措，是我国治疆方略的重要内容，充分反映了社会主义制度优越性。研究对口援疆的法治保障问题，对保障民族地区经济发展和民族发展、保障民族团结都具有重要的理论意义和现实意义。

从理论层面来看，从法治角度研究对口援疆，是完善民族法律、法规体系和跨区域协同治理法治体系的重要内容，对于落实依法治国基本方略、推进国家治理能力现代化、促进少数民族地区经济发展、构建区域协同发展格局、理顺央地关系有着重要理论意义。随着对口援疆力度不断加大，国内学者从对口援疆的政策分析、援助模式、运行机制等方面进行研究，并在资金使用、央地关系等角度进行研究。此外，西方发达国家在援助本国欠发达地区时，也往往通过立法等法治保障方式来规范相关的制度，这为对口援疆法治化提供了可资借鉴的案例。总体来看，目前有关对口援疆的法治理论研究还不多，现有的研究多囿于政策梳理和现实分析，尚不能有效规范、制约对口援疆实践，也未能有效应对口援疆中出现的新问题、新矛盾，这为对口援疆法治建设提出了新目标。第四次中央民族工作会议提出，民族事务法治化要重点建立"四个体系"，即完备的民族法律法规体系、高效的民族法治实施体系、严密的民族法治监督体系和有力的民族法治保障体系，研究对口援疆的法治保障问题也是对此的积极回应。

从现实层面来看，对口援疆实践亟待法治的规范、指引。中华人民共和国成立以来，我国的对口援疆政策不断完善，特别是 2010 年后实施的新一轮对口援疆，对新疆发展稳定起到了至关重要的作用。和田地区是新疆人均 GDP 最低的地区，2010 年中央政府决定由 19 个省区市进行新一轮对口援疆，并决定首都北京对口援助新疆和田地区。北京市发挥首都的科技、人才、教育、医疗优势，不仅注重民族边疆地区经济发展和民生改善，还注重民族团结和民族之间交流，形成了北京特色的援疆模式。但在实践过程中，也出现了援助资金规模扩大困难、对民族地区内生能力带动不够、少数民族劳动者就业及培训不足、援受双方协调困难等问题。此外，政策的多变性和不稳定性一定程度限制了对口援疆的效果。如何使对口援助能固化探索的经验并摆脱援助中的困境？如何通过对口援疆的法治化、制度化保障援助的成果，实现新疆的经济发展和社会的长治久安，仍是一个探索中的命题。对北京市援疆效益加以实证研究，概括、分析限制北京市援疆的制度障碍，进而构建法治保障机制，不仅有利于指导、规范北京市的援疆实践，对全国的援疆工作也有其意义。

二、研究的相关动态

（一）关于对口援助的法律、制度研究

目前国内学者在对口援助方面研究主要分为两个领域，一是系

统研究我国的对口援助理论，二是研究援疆、援藏、援助受灾地区等专门领域。研究内容可分为以下五个方面：

一是分析对口援助民族地区建立法律制度的必要性。杨道波(2005年)认为对口援助法律制度是为了促进少数民族地区发展，缩小与东部地区差距而制定的制度，属于民族区域自治制度的有机组成部分，它由一系列法律法规和规范性文件构成，这些法律、文件之间存在冲突，需要增强协调配合。① 李庆滑(2010年)从对口和支援两个角度分析了对口援助的概念、内涵，指出应从法制和运行角度健全相关制度，并提出要明确启动和退出机制。② 丁忠毅(2015年)认为，对口援助边疆民族地区法治化很有必要，需要强化利益共同体意识，提高利益共享的法治化、规范化程度。③

二是从法律关系角度探讨法治化的基本内容。刘铁(2010年)研究了灾区重建的对口援助法制化，提出公法、私法共同构成了调整对口援助的法律关系，分析了对口援助中政府协议的法律属性、对口援助的非法制化弊端，并提出了构建对口援助行政法律制度等法律框架。④ 王永才(2013年)分析了对口援助的法理基础，探讨了对口援助民族地区法治化的合理性，并简要提出法治化的途径：政治任务向制度激励转变、政策规范向法律规范转变、立法规范援助方和受援方的行为。⑤

三是对横向转移支付、公共服务均等化的研究。伍文中(2012

① 杨道波：《地区间对口援助和写作的法律制度问题与完善》，《理论探索》2005年6月号，第155—157页。

② 李庆滑：《我国省际对口援助的实践、理论与制度完善》，《中共浙江省委党校学报》2010年第5期，第56—57页。

③ 丁忠毅：《对口援助边疆民族地区中的府际利益冲突与协调》，《民族研究》2015年第6期，第22—25页。

④ 刘铁：《对口援助的运行机制及其法制化》，北京：法制出版社，2010年。

⑤ 王永才：《对口援助民族地区法制化研究》，博士学位论文，中央民族大学民族法学专业，2013年。

年）探讨了对口援助是否属于横向转移支付，属于的话如何进行法治化，并提出了横向转移支付体系应该包括民族团结、基本服务均等化、资源开发共享等内容。① 李莹莹（2013 年）从财政法治视角分析了对口援助应最大化地发挥《预算法》权威，限制对口援助资金安排与《预算法》冲突的政策规定，健全人大对援助资金的审核监督权。② 花中东（2014 年）通过四川灾区案例分析了对口援助长效运行机制，对我国的转移支付制度存在的问题和原因进行了初步探讨，分析了完善横向转移支付制度的必要性。③ 王达梅、翟秋阳（2014 年）认为对口援助的目的实质是提供公共服务，援助方的援助行为受到自身动力、社会因素等制约。④

四是从央地关系角度探讨。余翔（2014 年）以社会政策视角分析了对口援助政策上升到法治的必要性，分析了中央政府、支援方政府、受援方政府和受援地民众的政策期望，研究了政策执行模式，并分析了政策执行结果与政策初衷偏差产生的原因。⑤ 李瑞昌（2015 年）从政府间网络视角入手，以政治结构、政策过程和行政行为等角度分析了对口援助的中央意图、中央与地方关系，并评估了民族地区对口援助的绩效。⑥

五是关于对口援助资金使用的研究。倪峰等（2009 年）重点分

① 伍文中：《从对口援助到横向财政转移支付文献综述及未来研究趋势》，《财经论丛》2012 年第 1 期，第 34—37 页。

② 李莹莹：《对口援助法治化研究——以预算法治为视角》，硕士学位论文，郑州大学经济法学专业，2013 年。

③ 花中东：《省际援助灾区的经济效应：对口援助政策实施的经济效应研究：以对口援助四川灾区为例》，北京：北京理工大学出版社，2014 年。

④ 王达梅、翟秋阳：《公共服务横向援助制度研究》，《西北师大学报（社会科学版）》第 52 卷第 2 期，2015 年 3 月，第 109—112 页。

⑤ 余翔：《发展型社会政策视野下的省际对口援助研究：基于汶川地震灾后重建案例》，杭州：浙江大学出版社，2014 年，第 188—193 页。

⑥ 李瑞昌：《中国特点的对口援助制度研究——政府间网络视角》，上海：复旦大学出版社，2016 年。

析了汶川地震灾区对口援助的资金使用成效，指出相比其他省市向下级政府分摊资金的模式，北京市本级统筹资金的模式效果好；由各省市区负责的援建模式不但减轻了中央财政的负担，还减少了政府层级，提高了资金拨付效率。① 靳薇在《西藏援助与发展》一书中提出中央政府的长期补贴使西藏患上了“财政依赖症”，西藏经济增长并没有转化为内生发展能力的提升，并分析了财政依赖的原因：经济发展追求“同质化”、忽略西藏自治民族高比例聚居特点、盲目推行工业化战略等，她还提出要在中央政府设立对口援助专门机构，通过重塑援助制度治理“依赖症”。②

（二）关于对口援疆政策和实践研究

一是对口援疆实践的特点和问题研究。刘建军（2007 年）以广东省对口援助哈密为例，从对口援助政策的概念和历史演变入手，分析了广东省对口援疆的现状和基本举措。③ 刘岳（2011 年）以天津市对口援疆为例，对新一轮对口援疆工作的特点、面临的问题进行了探讨。④ 杨富强对 1997—2010 年的对口援疆政策的制定背景、历史演进、当代实践进行了回顾，分析了这个时期援疆以干部援疆为主的政策特点，并指出援疆产业带动不够、援疆渠道单一等问题。⑤ 刘迪生（2012 年）研究了 2010—2012 年新一轮援疆的措施与效果，并指出援疆规划与当地规划衔接部分脱节、民生项目配套设施不完善、援疆

---

① 倪峰等：《汶川地震对口援助初步研究》，《经济与管理研究》2009 年第 7 期，第 55—60 页。

② 靳薇：《西藏援助与发展》，拉萨：西藏人民出版社，2011 年，第 108、303、304 页。

③ 刘建军：《对口援助政策研究——以广东省对口援助哈密地区为例》，硕士学位论文，新疆大学行政管理专业，2007 年。

④ 刘岳：《新时期天津市对口援疆工作的对策研究》，硕士学位论文，天津大学公共管理专业，2011 年。

⑤ 杨富强：《对口援疆政策回顾及反思——以 1997 年至 2010 年间政策实践为例》，《西北民族大学学报（哲学社会科学版）》2011 年第 5 期，第 109—115 页。

配套资金到位难等问题，并初步提出了简要对策。[①] 靳薇（2012 年）在关于《援疆问题的调研报告》中分析了新一轮对口援疆政策带来的产业发展、投资增加等机遇，也分析了相关挑战，比如中央政府、援助地政府、新疆自治区政府统筹不足，容易出现重复建设；部分项目建设超出当地消费能力、缺乏技术人才、管理人才等。[②] 陈宏（2014 年）对新中国成立以来的中央政府援疆政策进行了细致梳理，并总结了相关历史经验。[③] 马胜春（2016 年）总结了新一轮对口援疆政策特点，指出了援疆规划与其他规划衔接不够、援疆项目安排不够科学、建成的产业园暂时空置等问题，并提出对口援疆要以产业援疆为核心，以改善民生为重点。[④] 李学军（2016 年）通过梳理南疆三地州的政策实施效果，分析了对口援助政策对提升南疆自我发展能力的利弊。[⑤]

二是对口援疆政策的经济效果评估。陈小昆、唐武英（2013 年）对援疆政策作了民众满意度调查，回收问卷 368 份，并评估了不同民族不同领域的满意度差异，发现少数民族比汉族满意度高，教育领域效果较好。[⑥] 陈静（2013 年）通过对援疆、援藏的绩效评价，提出了援助民族地区应分类施策，西藏应侧重民生领域，而新疆应侧重产业发展，她还认为受援方获得经济利益的同时也承担着协调成本。[⑦] 孙岿（2014 年）以山东省为例分析了援疆企业促进就业的局限，指出了

① 刘迪生：《援疆工作的实践与启示》，《经济研究参考》2012 年第 31 期，第 77—83 页。
② 靳薇：《援疆问题的调研报告》，《科学社会主义》2012 年第 4 期，第 120—122 页。
③ 陈宏：《中央实施援疆工作的历史考察和经验总结》，乌鲁木齐：新疆人民出版社，2015 年。
④ 马胜春：《新一轮对口援疆的成效、问题与对策分析》，李曦辉主编：《民族经济研究（2016）》，北京：企业管理出版社，2016 年，第 160—165 页。
⑤ 李学军：《对口援疆与南疆三地州自我发展能力提升研究》，五家渠：新疆生产建设兵团出版社，2016 年。
⑥ 陈小昆、唐武英：《对口援疆政策实施效果及满意度分析——基于 15 个地州的调查数据》，《新疆财经》2013 年第 5 期，第 75—79 页。
⑦ 陈静：《对口援疆的历史演进与绩效评价》，《中共乌鲁木齐市委党校学报》2013 年第 3 期，第 21—26 页。

产业结构转型和就业带动之间的关联性。[1] 李金叶、杜晓宇(2014年)通过建立新疆经济发展指标体系分析2010—2013年援疆对经济的直接或间接影响。[2] 马戎(2014年)分析了北京、浙江等省市援疆项目存在的立项"水土不服"、重复建设、分配结构不合理、吸纳当地劳动力不足等问题,评估了援疆的经济效益和社会效益。[3] 高志刚等(2015年)对阿勒泰地区援疆效益进行问卷调查,细分了31类援疆指标体系,对汉族、哈萨克族、维吾尔族、城乡居民等群体的反馈进行了量化分析。[4]

(三)关于对口援疆的法律制度研究

国内学者有关对口援疆的法律、制度研究论文并不多,大致可归纳为以下三方面:一是分析对口援疆法治化的必要性。夏黑讯(2011年)参与了新疆维吾尔自治区2011年社科基金规划项目"对口援疆法律问题研究",对援疆政策法制化的必要性进行了分析,从中央政府的态度、法律的长期稳定性、现行法律缺乏可操作性等角度,以及新一轮对口援疆实践中出现的签订合作协议、政策制度化等法治化倾向,论证了对口援疆适宜法治化的观点,还分析了对口援疆政策法治化的实现途径,包括注重私法与公法的协调融合、法治化的核心在于经济法律制度、专门法和单一法结合的法律创设。[5]

---

① 孙岿:《援疆企业对促进就业的作用及其局限性——基于山东援助喀什4县的实证研究》,《中南民族大学学报(人文社会科学版)》第34卷第5期,2014年9月,第18—20页。

② 李金叶、杜晓宇:《援疆背景下的新疆经济发展研究》,《干旱区地理》第37卷第6期,2014年11月,第1265—1270页。

③ 马戎:《新疆对口援助项目实施情况的调查分析》,《中央民族大学学报(哲学社会科学版)》2014年第1期,第14页。

④ 高志刚等:《基于问卷调查的对口援疆经济效应分析与提升策略——以新疆阿勒泰地区为例》,《新疆社会科学》2015年第4期,第125—130页。

⑤ 夏黑讯:《对口援疆政策法制化实证研究——以经济援疆为视角》,《新疆社科论坛》2013年第2期,第41页、第54页。

二是研究对口援疆财政法治化。郑毅(2010 年)研究了援疆的法律困境,分析了纵向府际财政关系与横向援疆财政关系的冲突,并指出对口援疆中的政府纠纷很难在现有制度下解决,他认为援疆的矩阵式府际关系网络应用法律固化,并设立专门的机构来统筹协调援疆事务。①

三是研究对口援助法治化的具体途径。熊文钊、田艳(2010 年)从对口援疆制度演变入手,探讨了对口援疆政策上升到法律的必要性,提出在立法、实施、特别制度三方面进行法律构建,从权利义务角度约束政府和企业,从规划、人才、资金方面保障实施。限于篇幅,虽然没有深入探讨法治化的具体内容,但较为系统探索了援疆法治化的基本框架。② 顾华祥(2015 年)认为,国家对口援疆制度缺乏法律规范,致使援助地区政府和受援地政府因为职责不清、理解偏差等形成冲突,使中央援疆政策打了折扣;应通过制度设计健全国家援疆机制,依法配置援疆地和受援地的责权利,并在市场主体不符合援疆规范时,用法律救济来解决矛盾;要完善援疆的法律制度、创新援疆管理体制机制、健全政策调控体系、创新资源利用体制。③

第二节　主要内容、研究方法与创新

一、主要内容

本书在考察援疆历史演进路径和实证研究北京市援疆经济社

① 郑毅:《法制北京下的对口援疆——以府际关系为视角》,《甘肃政法学院学报》第 112 期,2010 年 9 月,第 141—143 页。

② 熊文昭、田艳:《对口援疆政策的法治化研究》,《新疆师范大学学报(哲学社会科学版)》第 31 卷第 3 期,2010 年 9 月,第 17—19 页。

③ 顾华祥:《国家对口援疆制度与机制设计研究》,《湖南财政经济学院学报》2015 年第 4 期,第 24—29 页。

会效益的基础上，深入分析了援疆中的资金筹措及使用、少数民族地区经济和少数民族群众的权益保障、区域行政及利益协调的深层次体制障碍，进而提出北京市对口援疆的资金法治保障、民族发展权益法治保障、区域协调法治保障，试图构建科学的法治保障体系。全书主要分为七部分，除导论外共分为六章。导论主要阐述研究的背景和意义、研究的思路与内容结构、研究的方法与创新等内容。

第一章是对口援助相关概念界定与基础理论。主要界定援助、对口援助、省际间对口援助概念，对口援助与东西扶贫协作的关系、省际对口援助与省内对口协作的区别，并梳理省际间对口援助的基础理论，比较分析国外区域合作的法治化实践，为北京市对口援疆的制度化、规范化提供可资借鉴的经验。

第二章是北京市对口援疆法治保障的基本内涵。分析对口援疆的历史经验，北京市对口援疆的现状，并论述了北京市对口援疆法治保障的功能和价值，从法律基础、基本原则、路径选择等方面探索法治保障的基本制度。

第三章是北京市对口援疆中的资金法治保障。包括对口援疆的资金筹措及使用现状、北京市对口援疆资金筹措及使用的主要障碍，并从中央和地方两个层面构建北京市对口援疆资金的法治保障机制。

第四章是北京市对口援疆的民族发展权益法治保障。分析北京市援疆促进民族发展权益现状、民族发展权益障碍，并从宪法、启动民族区域自治配套法规建设、制定对口援助法律等角度研究北京市对口援疆民族发展权益保障问题。

第五章是北京市对口援疆的区域协调法治保障。从北京市援疆的区域协调现状入手，归纳北京市对口援疆机构调整与升格、建立定期党政领导互访工作等制度，并着重分析行政协议法律规范不健全等区域协调法治障碍，提出完善多层级的跨省行政管理协调机制。

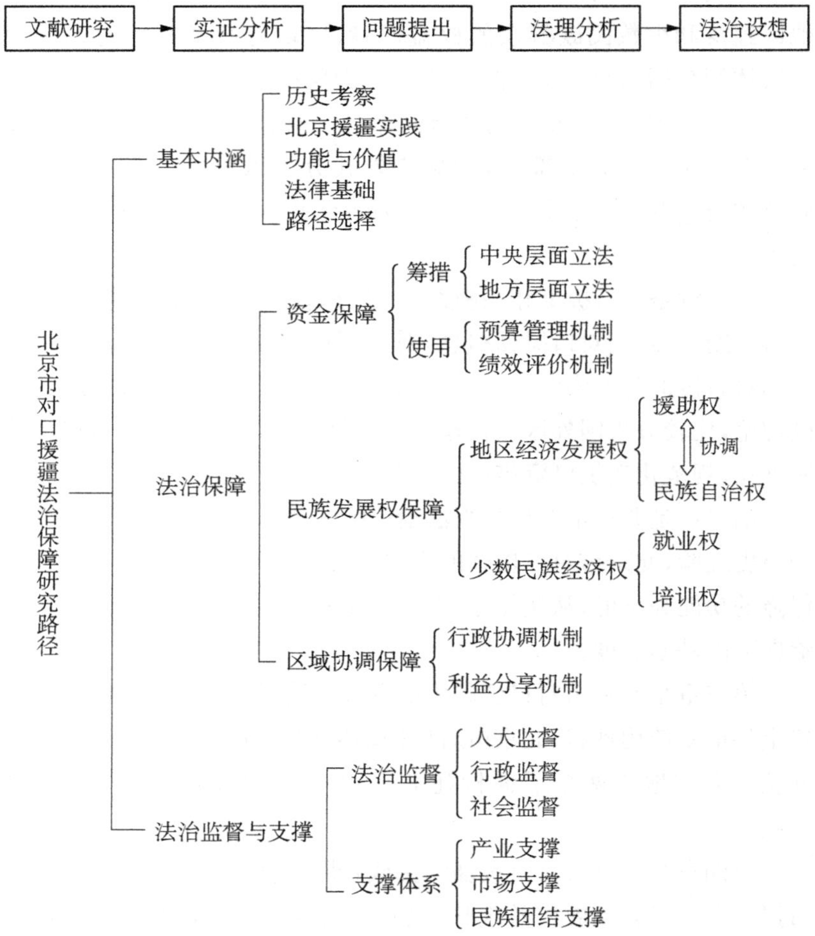

图 0-1

第六章是构建北京市对口援疆的法治监督和支撑体系。从人大监督制度、行政监督制度、社会监督制度三个方面构建北京市对口援疆的法治监督体系，并从社会、民族团结和市场三个角度构建北京市对口援疆的支撑体系。

二、研究方法

本书以北京市对口援疆为个案，以民族经济学理论、法学理论等作为依据，尝试综合运用实证分析、价值分析、规范分析等研究方法，对北京市对口援疆的运行机制进行考察，并对其法治化提出初步构想。本书将理论规范分析与实证研究相结合、定性分析和定量分析相结合，运用数据分析、政策分析，以及文献研究等方法。

一是法律分析法。通过梳理宪法、民族区域自治法及其他有关的法律法规，从法理学角度，对援助方和受援方的权利和义务、援助权和民族自治权的冲突和协调、少数民族经济权益保障、法律实施和法律责任进行了分析，初步搭建了北京市对口援疆的法治保障框架。二是文献分析法。通过对北京市对口援疆规范性文件、政策等文献资料研究，对援疆的历史、措施与效果进行了阐述。在研究过程中，本书收集的资料包括援疆的历史文献，新中国成立以来的新疆和民族工作文献，北京市对口援疆的规章制度、规划方案、工作报告、审计报告、援疆简报、援建新闻，还通过对北京市对口援助合作办、北京市对口援助和田前方指挥部和新疆自治区发改委等机构的有关人士进行的访谈收集了有关资料。三是规范分析与实证分析相结合。从支援这一概念出发，引出省际间对口援助概念，并分析了对口援助与东西扶贫协作的关系、省际对口援助与省内对口协作的区别；运用实证研究的方法，通过数理统计等方法对北京市对口援疆数据进行量化分析，研究北京市对口援疆的经济效益和社会效益，进而为法治化提供基本的实证数据。

三、论文的创新之处

本书在分析我国区域协调法律法规、民族区域自治法律法规的基础上，尝试在资金的筹措和使用机制、援疆横向转移支付机制、多层级的行政管理协同机制、产业转移税收共享等地区间利益平衡机制、少数民族经济权益保障机制、少数民族地区的内生发展促进机制等方面进行理论构建，具有较强的理论意义。

具体而言，本书的创新之处集中体现在四个方面：一是研究视角的相对新颖性。在对口援疆研究领域，国内学者多从政策和经济效益角度分析，从法治角度研究的文章目前还不多，本书把经济法治作为分析援疆问题的切入口，拓展了研究领域。二是研究内容的创新性。提出"援助权"的法律概念，初步探讨了援助权和民族经济自治权协调发展关系，探讨了援疆保障少数民族经济利益和权利问题。此外，在目前国内学者研究的基础上，对于对口援助民族地区的央地财政关系、利益协调机制也进行了分析。三是理论建构的相对完整性。不但评估了北京市对口援疆法治保障的必要性和可行性，还通过立法保障、法律监督、支持体系三个层面建构了相对完整的研究体系。四是文献研究较为完整。本书收集了北京市援疆的数据、文献资料，用实证方法评估了援助的效果和不足，为相关研究者深入研究提供了较完整的文献资料。

第一章 对口援助相关概念的界定与基础理论

对口援助是我国特有的制度，是社会主义优越性的重要表现，在促进少数民族地区经济和少数民族经济发展、全面建成小康社会中发挥着重要作用。自20世纪60年代对口援助实践以来，对口援助已成为国内区域协调的重要政策，各地在援助中也显现了一些好经验和好做法。但在实践过程中，对口援助和东西扶贫协作等政策混淆或者重叠，出现了援助方动力不足、援受双方协调困难、援助对西部少数民族地区发展贡献不大等问题，如何使对口援助能固化为各地探索的经验，并摆脱援助中的困境，需要把对口援助规范化、制度化、法治化。

概念是理论的先导，本章通过对省际间对口援助、东西扶贫协作等概念的界定，并通过梳理省际间对口援助的基础理论、借鉴国外区域合作的法治经验，为后面各章提供概念和理论参考，以进一步明确省际间对口援助的本义和作用，为北京市对口援疆法治化提供基本的理论支撑。

第一节　省际间对口援助概念的界定

一、援助的一般定义

援助在现代汉语词典中被定义为支援和帮助，即用人力、物力、财力或其他实际行动去支持，[①]是中性词。在英文中，援助(aid)被认为是提供资金、设备、服务帮助不能自助的国家、组织或个人。[②] 联合国开发计划署(UNDP)认为援助是“为共同的安全和共同繁荣做投资”，通过帮助贫穷地区摆脱教育、卫生、就业和经济发展的障碍，大规模减少日益威胁国际社会集体安全的大规模贫穷与发展不均衡现象。[③] 援助的本质是资源分配，是一种赠予式的资源重新配置形式。按照援助方式可分为：提供财力、物力的直接援助，帮助建设基础设施及提供公共服务的间接支援。按照援助主体可分为：政府援助、个人援助、企业援助、社会组织援助。其中，政府间援助可分为义务型援助、指令型援助、道德型援助。义务型援助指的是援受双方在相互签订援助合同的基础上，援助方按照契约责任来实施援助。指令型援助指的是上级政府通过命令要求一个地方政府援助另一个不相隶属的地方政府。道德型援助指的是一个地方政府基于道德义务援助另一个不相隶属的地方政府。

从地域上区分，援助分为国家之间的援助、一国之内的援助两种类型。国家之间的援助也被称为国际发展援助，即发达国家向发展中国家的一种转移支付形式。[④] 一国之内的援助又分为三种类型，分别是国家对企业及行业的援助、国家对地区的援助，以及地区之间的援助。《欧共体条约》对前两种援助进行了界定，将国家援助定义为一个成员国提供的或以任何形式通过国家资源提供的援助，包括给予受援者的各种形式的收益及解除企业本来应当承担的负担的措施。将地区援助定义为对收入比国家平均水平低而失业率比平均水

---

① 《现代汉语辞海》编辑委员会编：《现代汉语辞海》，北京：中国书籍出版社，2003 年，第 1328 页，第 1370 页。

② 英国柯林斯公司编：《柯林斯高级英语词典》，北京：高等教育出版社，2014 年，第 32 页。

③ 靳薇：《西藏援助与发展》，拉萨：西藏人民出版社，2011 年，第 7—8 页。

④ 李小云等：《国际发展援助概论》，北京：社会科学文献出版社，2009 年，第 1—2 页。

平高，与其他地区相比处于不利的地区进行的援助。[①]

本书研究的是一国之内的第三种援助，即地区间的援助。笔者认为地区间援助是一个地区为了共同的价值理念，对另一个地区进行的资金、项目、技术、人才、服务等方面的帮助和支持，从而使其提高自我发展能力并最终摆脱援助的过程。理想的援助是平等的、互惠互利的、不带有强制性的，并有退出机制。

二、对口援助的定义

对口援助也称对口支援、对口帮扶，是我国为促进地区发展特有的一项制度安排，对口即“结对子”，即地区之间、行业之间、单位之间结成一对一或多对一的对应关系。自新中国成立后实施东西部对口援助以来，对口援助已成为我国区域合作重要的制度安排。1960 年 3 月《山西日报》发表社论，介绍了经纬纺织机械厂对口帮助曙光公社取得的成绩，最早提到了“对口援助”这个名词。[②] 1979 年中共中央文件首次提出“组织内地省市对口援助边境和少数民族地区”[③]。1983 年国务院批复的《卫生部和国家民委关于全国少数民族卫生工作会议的纪要》中，把对口援助定义为地区、部门、单位之间的专业性支援、协作。此后，国务院三峡建设委员会认为，对口援助泛指中央政府为支持某一地区或行业，在不同区域、行业之间实施“结对子”的方式援助，使双方各自发挥优势。[④] 国务院三峡建设委员会定义指

---

① 郑鹏程：《对政府规制的规制——市场统一法律制度研究》，北京：法律出版社，2012 年，第 129—133 页。

②《厂厂包社　对口援助——论工业支援农业改造的新形式》，《山西日报》1960 年 3 月，第 1 版。

③ 李瑞昌：《中国特点的对口援助制度研究——政府间网络视角》，上海：复旦大学出版社，2016 年，第 237 页。

④ 国务院三峡建设委员会移民开发局：《三峡工程移民工作手册》，北京：中国三峡出版社，2001 年，第 140 页。

出了援助的目标、形式，但没有对内容具体化。国内学者对对口援助概念进行了概括。有学者认为：对口援助是指富裕地区政府和学校对贫困地区的相应机构实施的一种教育援助。[①] 有学者将对口援助分为三种形式：少数民族地区对口援助、自然灾害地区对口援助和南水北调等重大项目的对口援助，并提出了经济、人才援助的主要方式。[②]

笔者认为，对口援助是在中央政府统一组织、指导下，由中央政府各部门、各国有企业、发达地方省份对边疆地区、少数民族地区、贫困地区、自然灾害区域等需要援助的地区进行的人力、财力、物力的援助，其中，对口援助少数民族地区是对口援助的基本构成，本书所研究的对口援助特指对口援助少数民族地区。对口援助是根据《宪法》和《民族区域自治法》“国家有义务帮助少数民族地区各项事业的发展”的规定，保障少数民族地区经济权利的重要内容。它具有以下特点：一是平等性，援助方是出于宪法和法律的义务提供的援助，施援方和受援方是平等的，不是“恩惠”，是中华民族大家庭兄弟情谊的生动体现。二是发展性，援助的主要目的是促进当地经济社会发展，以经济效应为主，并兼顾社会、生态效应。三是制度性，有启动机制、运行机制、退出机制、评价机制等制度作为依托。

三、省际间对口援助概念

中央政府、中央和国家机关各部门、各发达地区省市、受援地区互相配合的工作机制构成了我国基本的援助制度。在援助主体上，对口援助大致可分为三种类型：一是中央政府层面的对口援助，主

① 李延成：《对口援助：对帮助不发达地区发展教育的政策与制度安排》，《教育发展研究》2002 年第 10 期，第 5 页。

② 赵明刚：《我国特色对口援助模式研究》，《社会主义研究》2011 年第 2 期，第 3 页。

要包括国务院各部委、各直属部门和中央企业的对口援助。二是省际间对口援助，即跨省的东部发达地区对口援助少数民族地区。三是省内对口援助，即省内不同地区之间、行业之间进行的对口援助。笔者认为，省际间对口援助指的是在中央政府组织下，经济发达省份对少数民族省份进行的对口援助。以对口援疆为例，就是由中央政府启动，通过具体的政策支持，组织沿海和内地发达地区省市以结对的方式对新疆的政治、经济、文化、社会等进行支援，以促进新疆发展，达到长治久安、共同富裕的目的。省际间对口援助可分为三种类型：一是发达地区省级政府对少数民族地区省级政府的对口援助；二是发达地区省级政府对少数民族地区省级政府下辖的地区、市、县级政府的援助；三是发达地区省级政府下辖的地方政府对少数民族省级政府下辖的地方政府的援助。

相对于中央政府层面的对口援助，省际间对口援助是对口援助的主力军，其价值主要体现在四个方面。(1)发挥“传帮带”作用。对口援疆需要对微观事务的直接管理，相对于中央部委主要负责国家的宏观经济管理、政策制定等事宜，地方政府由于承担经济管理的中观和微观事务，既走过捷径又走过弯路，在实践中积累了丰富的实践经验，能够把先进的管理经验和技术“手把手”地传授给受援地区。(2)受援双方机构对等匹配。发达地区政府和受援地政府都属于地方政府，机构设置大体相当，省际间对口援助有利于发挥机构对等的优势，在同领域同级别进行援助，双方衔接更加精准，能有效地发挥对口作用。另外，同中央政府相比，地方政府的行政人员更加充沛，能够拿出较多的人力进行援助，在援疆中发挥主力军的作用。(3)省际间对口合作也有着良好的历史传承。地方之间历史上就有互帮互助的兄弟间传统，实际上，并不总是发达地区援助欠发达地区，有时也会出现欠发达地区援助发达地区。比如 1950 年包括西部在内的全国各地援助上海发展经济。再比如改革开放初期，西部少数民族地区牺牲了一定的发展速度，支持国家给予东部沿海地区的政策优惠，才促成了东部沿海经济的迅速崛起。（4）东西部加强联系的需要。省级政府往往与相邻省份之间存在密切协作，但与本区域之外的地区联系较少。对口援助打破了这种区域一体化格局，有利于东西部地区跨区域交往，对于东西部之间进行经济技术协作，实现资源、资金、人才等生产要素的跨区域流动可起到推动作用，有利于优化全国生产力布局。

四、对口援助与“东西扶贫协作”的关系

东西扶贫协作是对口援助之外的另一种促进东西部区域协调发展的制度。东西扶贫协作概念主要在我国扶贫工作中专有使用，指的是中央政府组织东部沿海经济发达省份与西部贫困地区对口扶贫协作，以达到“先富帮后富”的目标。1996 年国务院办公厅转发《国务院扶贫开发领导小组关于组织经济较发达地区与经济欠发达地区开展扶贫协作报告的通知》，要求东部 15 个经济较发达省、市与西部 11 个省市区开展东西扶贫协作工作。东西扶贫协作形式多样，包括政府支援、社会援助、企业援建等多种方式。2004 年 3 月，《国务院关于进一步推进西部大开发的若干意见》指出，要密切西部地区与东、中部地区的联系，发挥好各自比较优势，形成市场资源要素的有机整合。[①] 2015 年 12 月《中共中央国务院关于打赢脱贫攻坚战的决定》指出：要健全东西部扶贫协作机制，加大东西部扶贫协作力度，东部地区要根据财力增长情况，逐步增加对口帮扶财政投入。[②] 2016 年 7 月习近平在银川召开东西部扶贫协作座谈会指出，东西部扶贫协作和对口援助，有助于推动区域协同，有助于加强区域合作、

---

① 中共中央文献研究室、中共新疆维吾尔自治区委员会编：《新疆工作文献选编（1949—2010 年）》，北京：中央文献出版社，2010 年，第 589—590 页。

②《中共中央国务院关于打赢脱贫攻坚战的决定》，《人民日报》2015 年 12 月 8 日，第 1 版。

优化产业布局、拓展开放新空间、实现共同富裕。[①] 2016 年 12 月中共中央办公厅、国务院办公厅印发《关于进一步加强东西部扶贫协作工作的指导意见》,进一步明确东西部扶贫协作和对口援助的组织实施和主要任务,提出要通过开展产业合作、组织劳务协作,加大人才支援、动员社会参与等方式,提高东西部扶贫对口援助的实效。[②]

东西扶贫协作和对口援助,都是推动区域协调发展、加强区域合作、优化产业布局的重要方式。双方既有所区别,又相互配合。双方的区别如下:一是向度不同。对口援助侧重于无偿援助,是东部对西部的单向援助,而东西部扶贫协作侧重于双向的相互协作。二是外延不同,东西扶贫协作的主要目的是西部贫困群众是否脱贫,对口援助不仅仅是扶贫,更侧重于欠发达地区与发达地区实现共同发展,对口援助外延大于东西扶贫协作。三是组织主体不同,对口援助整体工作由国家发展改革委主管,具体承担统筹推进、组织,组织审核实施对口援助规划、督促检查、协调重大问题等职能。[③] 对口援疆由中央新疆工作协调小组办公室主管,2000—2012 年设在中央政法委,2013 年后设在国家民委;对口援藏由中央西藏工作协调小组办公室主管,设在中央统战部;对口援助三峡库区贫困县由国务院三峡办负责;对口援助南水北调区域则由国家发展改革委、国务院南水北调办共同负责。而东西扶贫协作的主管单位是国务院扶贫办,统一部署东西部扶贫协作等。但近年来,也由中共中央专门会议部署,比如 2016 年 7 月习近平在银川召开东西部扶贫协作座谈会。在实践中,东西扶贫和对口援助工作又相互交织、相互配合。比如《"十三

① 《习近平在东西部扶贫协作座谈会上强调认清形势聚焦精准深化帮扶确保实效切实做好新形势下东西部扶贫协作工作》,《人民日报》2016 年 7 月 22 日,第 1 版。

② 《中办国办印发〈关于进一步加强东西部扶贫协作工作的指导意见〉》,《人民日报》2016 年 12 月 8 日,第 1 版。

③ 国家发改委地区经济司机构设置,http://dqs.ndrc.gov.cn/jgsz/,2016 年 5 月 2 日。

五”脱贫攻坚规划》要求“启动实施东部省份经济较发达县市与对口帮扶省份贫困县‘携手奔小康’行动”，就把对口援助和扶贫协作结合了起来。① 此外，地方政府在部署相关工作时，往往一起研究，比如2016年6月7日召开的北京市政府常务会议审议《关于在东西部扶贫协作和对口援助中扎实推进扶贫帮扶工作助力受援地区打赢脱贫攻坚战的意见》②，全面系统部署了对口援助和扶贫协作工作。在组织协调方面，也由一个机构主管统筹。比如北京市成立的对口援助和经济合作工作办公室，既负责东西扶贫协作，又负责对口援助。

五、省际对口援助与省内对口协作的区别

省内对口协作是指一省之内发达地区与欠发达地区进行的对口协作。比如2001年福建省推进“山海协作”，明确经济相对发达的沿海城市对口援助山区经济欠发达县，确定泉州市与南平市，福州市、厦门市与宁德市，漳州市与三明市、龙岩市进行对口协作，11个沿海县(市、区)与11个山区县对口帮扶；③再比如，2002年浙江省启动实施山海协作工程，明确杭州、宁波等沿海地区与欠发达地区的65个县市区结成对口协作关系。④ 虽然协作的对象在不断变化，但福建和浙江的“山海协作”制度一直延续至今，2012年福建省发布《关于深化山海协作的八条意见》，提出建立沿海和山区资源互补有偿协作

① 《国务院关于印发“十三五”脱贫攻坚规划的通知》，2016年12月4日，http://www.cpad.gov.cn/art/2016/12/4/art_343_261.html，2016年12月5日。

② 方芳：《北京市政府召开常务会议研究扶贫协作和对口援助等事项》，《北京日报》2016年6月8日，第1版。

③ 李瑞昌：《中国特点的对口援助制度研究——政府间网络视角》，上海：复旦大学出版社，2016年，第245页。

④ 马跃明：《青山与蓝海的交响——浙江开展山海协作工程10周年综述》，《今日浙江》2012年第6期，第18页。

机制[①]；2015 年浙江省也发布政策推进深化山海协作工程，提出“十三五”时期建成 9 个省级山海协作产业园，推进淳安等 26 县加快发展[②]。

省内对口协作与省际对口援助在制度上的区别有三点：一是战略目标不同，省际对口援助主要是指东部发达省份援助西部少数民族省份，特别是援疆和援藏都是国家战略，是从促进少数民族地区发展、促进少数民族与汉族共同繁荣、促进民族团结的大局出发而由中央政府主动发起实施的战略部署，是维护国家利益、维护边疆安全和稳定的大局需要，而省内对口协作往往是发达地区援助欠发达地区促进经济发展、摆脱贫困的举措。二是援受双方结对的自愿程度不同。省内对口协作具有自主选择性。比如浙江省政府原先确定常山和嵊州是协作伙伴，但两地协作成果并不显著，在实践中，常山和绍兴由于资源互补而结成了伙伴关系，后来浙江省允许各地区在发挥优势的前提下适度自主选择对口协作伙伴。而对口援助则是由中央政府指定的，地方政府目前无权自主选择援助地区。三是市场发挥的程度不同。省内对口协作不仅是政府行为，更是市场行为，比如福建、浙江两省的山海协作工程不是仅靠政府援助，而是注重发挥市场机制的作用，把两地的相对优势发挥出来，已经由单纯援助发展为互补有偿合作。而现阶段对口援助制度的重心在于无偿援助，虽然有部分市场行为，但主要还是由政府主导。

六、对口援助和对口合作的关系

在我国的区域合作实践中，新出现了一种不同于对口援助的对

---

① 王永珍：《我省出台深化山海协作八条意见》，《福建日报》2012 年 10 月 24 日，第 4 版。

② 《浙江省人民政府办公厅关于进一步深化山海协作工程的实施意见》，2016 年 1 月 7 日，http://www.zj.gov.cn/art/2016/1/7/art_32432_256778.html，2016 年 5 月 2 日。

口模式——对口合作。2017 年 3 月国务院办公厅印发的《东北地区与东部地区部分省市对口合作工作方案》正式提出了对口合作概念，《方案》指出对口合作是一种新型跨地区合作模式，是在政府引导带动下，充分发挥市场在资源配置中的决定性作用，促进资本、人才、技术等要素合理流动的合作模式。① 对口合作的内涵包括三个方面：一是地方合作，国家指导。地方政府在合作中发挥主体作用，中央政府的职能主要在于协调指导，通过法律政策等形式为合作扫除障碍，创造良好环境。二是互利共赢，特色鲜明。注重发挥对口合作省市的比较优势，以彼之长补己之短，通过产业体系合作、共享科技成果等形式实现合作共赢。三是借鉴经验，重点突破。针对合作省份经济发展的明显短板，通过干部互派、定点培训等对口协作形式学习借鉴东部地区先进的管理经验和体制机制。②

对口援助和对口合作有着密切联系。对口援助是对口合作发展到较高阶段的一种“对口”模式，与对口合作有共性之处：第一，两者都是跨区域“结对”合作，无论是省际之间还是城市之间都形成了对口关系。第二，都是在中央政府统筹安排或指导之下，发挥地方主体性作用进行的援助与合作。第三，都是由市场经济发达地区发挥示范带动作用帮助相对不发达地区。对口援助和对口合作也有着明显的差异：一是无偿援助和合作共赢的区别。对口援助需要援助方投入大量无偿的财政资金，资金规模巨大且不需要回报，而对口合作不需要发达地区投入大量财政资金，主要通过市场、产业、技术、人才、信息方面的对接来助推合作。二是发挥的市场作用不同。在对口合作中，市场发挥基础性作用，而对口支援虽然有市场的积极参与，但

① 赵展慧：《国办明确部分省市开展合作东北与东部，对口咋牵手?》，《人民日报》2017 年 3 月 22 日，第 2 版。

②《国务院办公厅关于印发东北地区与东部地区部分省市对口合作工作方案的通知》，http://www.gov.cn/zhengce/content/2017-03/17/content_5178294.htm，2017 年 3 月 2 日。

主要由行政力量主导。三是合作方或援助地的发展程度不同，对口援助的对象大都是欠发达地区，而对口合作的对象有着自我的工业和技术优势，只是在市场机制、投资环境、开放程度、人力资源供给等方面与合作地区存在差异。对口支援和对口合作虽然风格迥异，但还是有着内在的逻辑关系。笔者认为，对口援助是对口合作的前导，为对口合作概念的形成确定了理论和实践基础；对口合作是对口援助的"升级版"，是对口模式在不同发展阶段的不同呈现方式，随着受援助区域的经济水平提升，对口援助必然会走向对口合作。以北京市对口援疆为例，随着对口支援的不断进行，受援地区的工业化水平明显提升，自我发展能力显著提高，对口援助机制会自然退出，并转变成对口合作模式。

第二节　省际间对口援助的基础理论

一、区域法治理论

区域间关系的健康与否，直接影响各区域的经济发展水平和国家整体竞争力的高低。我国区域经济利益分配长期处于非均衡状态，特别是改革开放以来，区域经济非均衡状态愈加明显。从法律属性看，这些缩小区域发展差异的制度安排应该被纳入法律范畴。在联邦制国家，区域法治协调已经成为一种区域间关系调整的制度安排，其中最为典型的是美国。美国作为联邦制国家，各州都有自己的法律，与其他国家相比，美国州际之间的法律冲突更为显著。州际协定和行政协议就是各州之间协调时最为常用的制度。州际协定最早来源于前殖民地之间为解决边界纠纷而形成的九个谈判协议，1777年的《邦联条例》中也加入了授权制定州际协定的条款。《邦联条例》第六条规定："未经合众国国会同意并规定其原则及期限，任何两州或两州以上之间均不得订立任何条约或进行任何联盟活动。"[①]随着州际协定的实践发展,联邦宪法明确了经国会许可后,各州可以平等身份制定州际协定,解决区域性矛盾。[②] 州际协定的本质是行政合同,包括要约和承诺两个步骤,往往以成文法的形式表现,还得经过美国国会的同意。但缺点是协定难度很大、程序繁琐、周期很长。20世纪70年代,州际环境协定被广泛运用。州际行政协议不需要经过美国国会的同意和州立法机构的批准,只需经行政首脑间批准即可,更加灵活和便利。[③]

目前,我国学者在区域法治理论方面还未达成共识。有学者认为,区域法治理论就是要通过法治的方式对欠发达地区施以援手,缩小区域差距,实现区域间的均衡。[④] 有学者认为,跨行政区划的地域空间具有独特的法学研究意义,跨行政区划的特定经济区域、社会区域、文化区域等构成了区域法治研究的重要对象;必须加快制定和完善国家区域发展的法律制度,把区域协调发展纳入法治轨道;推进区域法治必须以维护国家宪法的最高权威和国家法治统一为前提,实现国家法治统一与区域差异有机关联。[⑤] 有学者认为,区域法治是区域内法治到跨区域法治的演变,它的价值在于用法治调整区域间的利益关系,化解区域间利益冲突,实现国家与区域的一体化发展。[⑥] 笔者认为区域协调法治理论是一种地理经济学基础上的法治

---

① Felex Frankfurter and James Landis, "The Compact Clause of the Constitution-A Study in Interstate Adjustments", in *Yale law Journal* 34, 1925.

② Zimmerman, Interstate Cooperation: Compact and Administrative Agreements, Westport, CT: Greenwood Press. 2002, pp. 1 - 37.

③ 何渊:《美国的区域法制协调——从州际协定到行政协议的制度变迁》,《环球法律评论》2009年第6期,第89—91页。

④ 陈婉玲:《经济法主体形态扩张与思维突破——以区域经济主体为中心》,《经济法研究》第14卷,第88页。

⑤ 公丕祥:《勿忘区域法治》,《人民日报》2016年6月6日,第20版。

⑥ 夏锦文:《区域法治发展的法理学思考——一个初步的研究构架》,《南京师大学报(社会科学版)》,2014年1月,第82页。

理论，既可以将其纳入经济法，又可以将其纳入行政法。它强调在国家法律统一的前提下，尊重各区域法治的多样性，通过法治促进各区域之间的经济均衡，解决区域间的利益冲突，进而实现国家治理的现代化和“善治”。

二、区域均衡发展理论

区域均衡发展理论，是以哈罗德-多马新古典经济增长模型为理论基础的理论，强调大规模投资和合理配置资源是经济增长的重要因素，代表是纳克斯的贫困恶性循环理论和平衡发展理论。该理论由美国经济学家罗纳·纳克斯于1953年在其著作《不发达国家资本的形成》一书中提出，他分析了欠发达地区经济长期低水平徘徊的原因，认为发展中国家长期贫困并非由于国内资源不足，而是因为供给和需求的不良循环。从供给方面看，发展中国家经济落后、资本短缺，从而造成劳动生产率低、人均收入水平低；低收入水平限制了人们购买力和消费能力的提高，进而又造成储蓄水平低，资本形成不足，使得生产规模难以扩大、生产率难以提高，形成了低生产率、低产出、低收入水平的不良循环。[①]

区域均衡发展理论的主要观点有三：一是主张在各产业、各地区之间均衡部署生产力。通过大规模地投资工业、农业、消费品、资本品生产等各个国民经济部门，形成广阔且充分的市场，改善供给状况，促进各产业、各部门协调发展；同时在各产业、各地区之间形成相互支持性投资的格局，不断扩大需求，产生足够的投资引导，为扩大投资规模促进经济增长创造条件，实现产业和区域经济的协调发展。二是认为实行宏观经济调控是有必要的。政府通过国土开发规划来

---

① 黄素心、王春雷：《区域经济协调发展机制研究》，北京：北京理工大学出版社，2015年，第3页。

促进不同地区的工业化进程，中央政府通过制定财政、税收、产业发展等法律政策有所侧重地发展经济薄弱地区，发挥各自的比较优势形成区域之间互相合作的制度安排，有利于从整体上提高经济运行效率，提高国家经济竞争力。但事实上，发达区域由于具备更好的公共服务水平和市场，会形成规模经济，即使中央政府注入大量资本，由于资本的趋利性，也会使资本向发达区域流动，此外，发达地区所具备的技术条件会使不同地区的资本收益率不同，资本要素会进一步向技术水平高的发达区域流动，导致均衡区域发展的宏观调控“失效”。三是认为推动经济发展的动力源泉是企业的集聚力和分散力的平衡。企业的总部、生产基地、物流基地在区域内的集聚和分散形成了不同的生产力布局，[①]这种集聚和分散有利于区域经济的协调发展，有利于各区域发挥各自比较优势，但受地区产业结构、资源、历史文化和人口等因素制约。

三、政府间合作理论

合作的动力来自共同利益。根据亚当·斯密的“理性经济人”假设，地方政府也是理性经济人，从本地区的利益出发，追求自身利益最大化。合作达成的条件有三个：一是存在预期合作收益。二是具备合理制度安排，能够对合作过程有效监督。三是合作方都遵守合作制度。

从合作层级看，一国之内的地方政府间合作有两种形式：一种是纵向政府间合作，即具有隶属关系的上下级政府之间的合作。一种是横向政府间合作，即不具有隶属关系的政府之间的合作。具体又可细分为两种关系：一是行政级别平行的政府间合作，比如地级

① 库姆斯等：《经济地理学：区域和国家一体化》，安虎森等译，北京：中国人民大学出版社，2011 年，第 106 页。

市政府之间的合作；一种是行政级别不同又不相隶属的政府间合作，有学者称之为斜向府际合作[①]，比如一个直辖市和某省的地级市之间的合作。从合作机制看，又可分为常态性政府间合作和临时性政府间合作。常态性政府间合作通常指的是政府间在某一领域经常形成的固定合作机制，比如北京市和天津市近年来每年都要签署政府间合作框架协议，双方市政府领导都进行互访，已经形成了制度。而临时性政府间合作指的是政府间就某一事项临时进行的合作，比如 2016 年 G20 会议期间，北京市政府与杭州市政府在交通、医疗、会务方面开展的合作。从合作形式看，既有国家层面组织的合作，又有自发形成的合作。国家层面组织的合作是由中央政府进行顶层设计、指导地方政府之间进行的合作，依靠中央政府的“权威”强力推进，通过政治命令和政策激励推动地方政府间达成合作，比如京津冀协同发展、19 省市对口援疆等，此种类型的合作具有政治性、强制性、不固定等特点；地方政府间自发形成的合作是指地方政府间为了经济、环保等区域性公共产品的收益最大化以及本辖区经济、社会的发展需要，自发建立起来的平等合作的机制，具有自主性、平等性等特点。

从地理学视角看，一国之内的政府间合作又分为区域内合作和跨区域合作。区域内政府间合作指的是地理上相邻政府之间的合作，往往是经济一体化发展过程中形成的，比如长三角、珠三角等区域的省级政府间在市场的推动下形成的经济合作。跨区域合作指的是地理上不相邻或者不属于同一区域的政府间合作，跨区域合作有三种类型，一是不同区域的政府为了国家战略结成的合作关系，比如横贯我国东西 18 个省份的“一带一路”战略。二是为了天然气和石油等能源和水、空气等生态资源结成的合作关系，比如西气东输、西

---

① 蔡英辉：《我国斜向府际关系初探》，《北京邮电大学学报（社会科学版）》2008 年第 2 期，第 40 页。

电东送、南水北调工程等，再比如京津冀及周边大气污染防治协作机制，就包括华北五省市政府和华中的河南省政府、华东的山东省政府。三是对口援助合作和东西扶贫协作。有学者认为，从合作动因分析，跨区域合作可分为四种类型，分别是市场动力论、资源互补论、国家完整论、权利强制论。①

四、横向转移支付理论

财政转移支付是财政收入重新分配的一种手段，意在维持政府间财政均衡。广义上讲，财政转移支付包括垂直转移支付和横向转移支付。横向财政转移支付是为了达到横向财政平衡，由财力雄厚的地方政府向财力较弱的地方政府进行资金转移，从而缩小地区经济发展差距。"横向财政均衡"理论最早由布坎南提出，他分析了联邦各州间的公共服务差异，认为各州之间应通过横向财政转移实现财力的均衡，使各州居民能享受相对平等的公共服务。相比纵向转移支付，横向转移支付有着明显的特点：一是转移支付的收受双方不具有上下级的隶属关系。二是转移支付的目标多元性，既有市场等价交换，比如为获取较好的公平物品进行的有偿援助，比如生态补偿制度，又有无偿的援助，而纵向财政转移制度一般是无偿的。三是资金来源的特定性，横向转移支付的资金来源于财力富裕的发达地区而非中央财政。

横向转移支付理论来源于财政分权理论，财政分权是指中央政府赋予地方政府一定的授权和支出责任范围。财政分权的核心是，地方政府有一定的自主权。传统的财政分权理论代表马斯格雷夫认为，一些超出地方经济管辖范围的公共产品应由中央政府提供，纯粹

① 李瑞昌：《中国特点的对口援助制度研究——政府间网络视角》，上海：复旦大学出版社，2016年，第218页。

的地方性公共产品应当由当地政府供给。财政分权理论代表蒂布特认为，由于地方政府存在自主性，就会通过设计优惠政策、投入公共基础设施建设等建立优质的公共产品吸引人才、资金向该地区流动，形成政府间财政竞争关系。第二代财政分权理论也称财政联邦主义，以钱颖一等经济学家为代表，理论的主要内容是：(1)中央政府与地方政府之间存在权利划分，地方政府在自己权利范围内享有充分的自主权。(2)地方政府在其辖域内对地方经济负有主要责任，同时，通过全国市场使商品和要素可跨地区自由流动。(3)各级政府都面临着硬预算约束。[①] 我国的财政转移支付制度建立在1993年，1993年12月发布的《关于实行分税制财政管理体制的决定》，把主要税种增值税定位为中央税种，中央财力大幅增强，中央财政集中的财力主要用于增加对地方特别是中西部的转移支付，转移支付规模不断扩大，有力促进了地区间基本公共服务的均等化。

五、产业转移理论

产业转移理论是区域经济学的研究热点，主要分析产业在不同地区转移的原因与作用机制。亚当·斯密的绝对优势理论、大卫·李嘉图的比较优势理论、俄林的要素禀赋等古典贸易理论形成了产业转移的基础理论。小岛清的边际产业理论、赤松要的雁行模式理论、普拉维什的中心—外围理论、威尔斯和赫希哲在弗农生命周期理论基础上构建的梯度转移理论，构成了产业转移理论的核心内容。[②]

产业转移理论的基本原理有五个方面：(1)每个国家与地区都处在一定的经济发展阶段，一个地区的产业随着技术进步发展到高

---

① 钱颖一：《现代经济学与中国经济变革》，北京：中国人民大学出版社，2003年，第209页。

② 胡新等：《西部大开发中区域产业转移与产业升级》，北京：社会科学文献出版社，2015年，第17页。

水平阶段，劳动密集型产业逐渐发展为技术密集型产业，劳动密集型产业会逐渐转移到欠发达地区。（2）劳动密集型产业转移的行为是市场自主行为，诱因是成本压力和市场需求，[①]主要原因是由于欠发达地区的劳动力工作水平低、原料价格和土地价格相对便宜，拥有相对广阔的市场，以及拥有一定的税收优惠等国家政策倾斜，使得企业发展的成本比在经济发达地区有相对比较优势。（3）产业转移的转移路径分为两种，一是产业链全部转移。二是产业链的部分转移，即仅将生产部门转移到欠发达地区，而企业总部、研发机构、销售机构仍在经济发达地区。（4）产业转移成功与否的影响因素包括：承接地承接产业转移的配套产业是否健全，即是否拥有一定的基础产业、资源、市场等；承接地的产业工人及技术人才能否匹配相关产业，是否有一定的初级产业工人和基本的技术培训体系；是否有健全的产业政策、规划、服务体系并具备优良的软环境。（5）产业转移会产生正负面效应：一是为承接地提供资本、技术等生产要素，产生技术溢出效应，促进产业集聚及升级；二是促进承接地经济总量提升及经济结构调整，促进工业化及城镇化进程，促进就业人数增长，促进社会制度进步；三是产业转移会产生负面效应，比如破坏承接地生态环境，形成技术级差挤出承接地企业，低端产业转移则会阻碍承接地技术升级，造成转移地区产业空心化等。

第三节　国外区域合作的法治经验

促进区域协调发展是各国宏观调控的重要目标。据不完全统计，世界各主要经济体内部均有区域合作的例子，且大都通过制定法

---

① 何龙斌：《中国西部地区承接国内外产业转移研究：基于循环经济视角》，北京：中国社会科学出版社，2015 年，第 5 页。

律的方式来加以固定。不过,各国并没有类似我国的对口援助制度,往往是利用中央财政或是通过间接转移发达地区财力,对经济欠发达地区施以援手。比较和分析美国、英国、德国、巴西等国的区域合作,吸取其值得借鉴的法治经验,无疑对改进我国对口援助制度大有裨益。

一、英国地方政府的区域合作

在英国,地方政府有各自的职权范围,彼此不能侵犯,但职责分工不能排除地方政府之间的合作。按照英国法律规定,地方政府的正式合作主要分为两类,一是设立联合机构,二是权力委任。联合机构又可分为两大类型。一是联合委员会,1972 年的英国地方政府法规定,两个或两个以上的城市政府可以选派代表组成联合委员会,协调彼此之间的工作或执行他们所委托的事务。联合委员会只有成员政府所委任的权力。地方政府除征税权和借款权外,其他职权都可委托联合委员会行使。二是联合会,英国法律规定,为实施治安、教育等特定事务,两个或两个以上的地方政府可以组成联合会,联合会具有法律人格,须以法律规定才能成立。在联合机构以外,地方政府间也可以发生权力委任关系。一个地方政府可以把自己的一种或几种职能委托给其他地方政府执行,权力委任以有法律规定的时间为限。1972 年的地方政府法规定,地方政府可以把职权部分或全部地委托给其他地方政府。[①]

为了平衡地方政府收入贫富不均等因素,英国中央政府也对地方政府实施补助,主要采取两种形式:一是专项补助,只能用于水资源的保护和利用、基础设施建设等特定公用事务,类似中国政府的专

① 王名扬:《王名扬全集·英国行政法、比较行政法》,北京:北京大学出版社,2016 年,第 71—72 页。

项转移支付；二是地方税收支援补助金，如果地方政府税收不足以支付当地的公共服务，在地方政府向中央政府申请后，经过法定程序，中央政府会提供补助资金以弥补地方政府的收支差额，地方政府可以决定补助金的用途。这两种财政补助虽然形式不同，但都需要严格遵照法定程序进行资金转移支付，并受到中央政府财政部门的严格监督。

二、美国政府间的区域合作

美国都市地区是指以一个市为中心，四周围绕一大串其他地方政府组织的区域，这个区域在社会和经济上结合为一个整体。都市政府间关系比较复杂，政府林立，职能互相独立并时有重叠，矛盾冲突多。为处理政府之间的关系，通过职能移转、领土外部权利、区域联合会、政府间合同等办法加以解决。(1)职能移转是把某项地方政府的行政权转移给其他地方政府，职能移转可能是地方政府之间自愿的，也可能是州政府要求地方政府移转的。(2)领土外部权利是指美国的一些州给予地方政府在领土外部一定范围以内，对没有组织成为法人的毗邻地区，行使某些职能，为当地居民提供一个良好的基本公共服务。行使的职能包括提供排水、供水、供电、公共交通等，但不包括征收财产税的权利。领土外部行使权利的目的有三：一是为保护市内居民不受郊区人民不正当的干扰，如污染水源、空气；二是为市的行政取得必要的设备，比如在郊外建筑机场、取得水源；三是为郊区居民提供基本的城市服务，比如治安保护、公共设施等。美国最高法院在1978年的一个判决中，认为领土外部权利不违反宪法。(3)政府间合同。美国所有州的法律都授权地方政府以政府间合同的方式合作。行政合同可采取的形式有：一是地方政府为满足居民需要，购买其他地方政府提供的服务，如同购买私人公司的服务一样。二是同级地方政府之间、不同级地方政府之间（比如市政府和州政府之间）均可签订合同，但合同中规定的事项必须是双方都具有的权力。三是地方政府之间意见不一致时，合同不能成立。四是合同规定的内容往往是一定时间内针对某项具体事务的，很少有全方位、长期的行政合同。①

美国重视区域援助立法，避免政府区域援助的随意性。1993 年《联邦受援区和受援社区法案》获得国会通过，这是美国第一部援助贫困地的法案。到 1994 年底，分别由联邦政府住房和城市发展署批准 6 个城市受援地区和 65 个城市受援社区。② 州在联邦制度中执行联邦政府援助计划的功能，有的援助由州政府申请，有的援助由联邦政府提出，在接受联邦援助时，必须执行联邦政府制定的政策。③ 20 世纪 70 年代后，美国联邦对州和地方的财政援助规模迅速扩大，1932 年联邦补助金不过 2 亿多美元，1971 年已增至 240 亿元，1981 年达 915 亿元。④ 20 世纪 80 年代以来，美国中央财政收入的 50%以上都用于转移支付，其中大部分是用来支援经济相对欠发达地区。⑤

三、德国区域合作的制度设计

德国是联邦制国家，行政级别上包含联邦、州、地方三层。德国联邦由 16 个州构成，州拥有除军事权和外交权以外的司法、行政、经济基本权。同美国一样，拥有独立立法权的各州之间也通过“州际协议”来解决纠纷、达成合作，但德国各州之间签订州际协议更为宽松，

---

① 王名扬：《王名扬全集・美国行政法》，北京：北京大学出版社，2016 年，第 212—217 页。

② 王俊文：《国外反贫困经验对我国反贫困的当代启示——以西方发达国家美国为例》，《社会科学家》2008 年第 3 期，第 106 页。

③ 王名扬：《王名扬全集・美国行政法》，北京：北京大学出版社，2016 年，第 172—173 页。

④ 李建昌、高培勇：《当代美国财税教程》，北京：世界知识出版社，1998 年，第 166 页。

⑤ 倪志龙：《财政转移支付法律制度研究》，南宁：广西人民出版社，2014 年，第 102 页。

只要州议会通过并写入法律，无须经过联邦法律同意就能生效，这也使德国各州的区域合作形式更加丰富。合作的形式包括公法意义上的协议和私法意义上的契约，具体合作形式由各地的法律自行规定。德国区域合作的组织形态主要包括两类：一类是多个地方政府为了环保等特定公共事务组成的公共法人，一类是旨在解决相邻区域纠纷、共同规划等事务的协会组织。①

在横向财政转移方面，德国区域合作的典型制度是州际间财政平衡制度。州际财政横向平衡是指各州之间财力的均等化，德国联邦《基本法》第107条、《联邦与州间财政平衡法令》《税收分配法令》中都作了规定。② 具体做法为：第一环节，把各州增值税的75%统一上缴为联邦财政，按各州人口占全国比重进行分配；第二环节，把全国各州分为三类，人均财政收入指数为全国平均水平以上的为财力盈余州，不到全国平均水平的为财力匮乏州，介于两者之间的为自收自支州；第三环节，财力盈余州按照一定比例，对财力匮乏州进行横向财政转移支付，使其达到全国平均水平。通过横向转移支付，德国州际间的财力差距大大缩小，但因此也损害了效率原则，使得财力较好州的积极性受到一定限制，一定程度上也削弱了财力较弱州的自我发展能力。

四、巴西区域合作及其法治保障

巴西在20世纪开始工业化进程后，东南部地区成为领先地区，但巴西区域经济不平衡现象也愈加明显。巴西开展了一系列援助东北部地区的区域经济平衡政策。20世纪50年代后期开始，巴西联

---

① 高薇：《德国的区域治理：组织及其法律保障》，《环球法律评论》2014年第2期，第5页。

② 徐阳光：《横向财政转移支付立法与政府间财政关系的构建》，《安徽大学学报（哲学社会科学版）》2011年第5期，第86页。

邦政府开始实施区域援助政策，这些政策旨在将富裕地区的收入和投资再分配到东北部等欠发达地区。1958年巴西东北部发生严重旱灾，政府不得不制定了关于援助东北部的明确政策。1959年巴西联邦政府成立了专门为东北部制订发展计划的研究部门，并成立了东北地区发展总署，此机构主要职能是指导和协调联邦政府在东北部的所有活动，此后，巴西通过特殊的税收鼓励法案，允许企业使用联邦税税额的50%投资东北部，创造就业机会，[①]这一援助法案在20世纪80年代中期取得良好效果。1980年到1986年，巴西全国GDP年增长率为2.7%，而东北部GDP年均增长率为7.4%，东北部在巴西全国GDP中的比重从1980年的12%上升到1986年的18.8%。在1980年到1983年期间，巴西的平均年增长率为-1.4%，而东北部的增长率为4.5%，在1984年至1986年，东北部的增长也比巴西整体要高。

1988年的巴西联邦宪法制定了援助欠发达地区的条款：一是制定将联邦税收收入自动转移给巴西贫困地区的条款，即所有联邦收入的3%都会自动转入东北部等州的金融机构，以加强这些区域的生产部门。二是规定中央政府将税收收入的21.5%转移给各州，将22.5%的税收收入转移给各市，后一项规定使得欠发达地区能够获得更多的收益。[②] 20世纪80年代，巴西东北部人口占全国近30%，但其国民收入比重仅占12%。在2009年，巴西东北部的GDP比重为全国的13.5%，但巴西东北部的人均收入占全国平均水平百分比出现了很大增长，从1960年的39%增长到2009年的48%。巴西缩小地区间收入差距的经验证明了发展中国家制定区域平衡法律的必要性，只有国家干预才能缩小地区差距。

---

① [美]贝尔：《巴西经济：增长与发展(第7版)》，罗飞飞译，北京：石油工业出版社，2014年，第315页。

② [美]贝尔：《巴西经济：增长与发展(第7版)》，罗飞飞译，北京：石油工业出版社，2014年，第323页。

五、域外区域合作法治化的借鉴

西方发达国家通过行政协议、共同立法、区域行政规划等多种方式规范区域合作，形成了区域协调的法律制度，有力推动了区域经济发展，对完善我国对口援助制度有借鉴意义。

一是区域合作需要有宪法层面的界定。综观德国、美国、巴西等国，大都在宪法中规定了区域协作、援助的条款，比如巴西联邦和德国联邦政府都在宪法里规定了财政转移支付的相关条款。区域合作属于国家整体利益，而宪法在一国内拥有至高无上的权威性，在宪法条款里规定有助于地方政府间明晰责任，避免横向政府间发生冲突，特别是美国、德国等联邦制国家，由于各州拥有立法权，各州立法仅对各州民众负责，如果没有宪法的规范，则有可能使区域发展产生“马太效应”，不利于国家区域均衡发展。我国的区域法治虽然在实践中有了一定进展，但囿于宪法中未明确地方政府间的关系，束缚了区域法治的进程。

二是制定地区间财政平衡或转移支付的专门法律。区域协作涉及大量资金，需要通过专门法律详细规定转移资金的来源、分配办法、使用渠道和其他保障措施。德国和巴西制定了比较典型的区域援助资金分配条款，并确定了较为复杂的测算方法，由联邦财政和税收部门每年进行测算，明确了联邦和地方财政的界限，为区域协调发展提供了强有力的资金保障。我国目前在对口援助方面虽然制定了系列办法，但并未通过政府间关系法等法规来明确对口援助的法定来源，可借鉴这些国家的法规，制定适合我国国情的转移支付制度。

三是普遍建立了区域间协作的行政法律制度。美国、德国等国的地方政府间往往采用行政合同或协议的方式合作，在缔结协议的程序及纠纷解决上形成了比较完善的制度。我国地方政府间虽然也有类似的框架协议、备忘录等合作文本，但往往规定比较规范，缺乏履职条款，学习这些国家的行政协议制度，可以为我们提供一定意义上的参考。

四是依法成立区域间协作的合作组织。西方发达国家重视区域组织。像英国和德国的法律授权地方政府可以把职权委托给独立的区域组织，或者加入由若干地方行政单位组成的公法团体，通过明确区域协调组织的权利和责任，保障其既发挥协调功能，又不干涉各区域的内部事务。这些区域性合作组织拥有完全法人地位，拥有实际职权，有较强的执行力。我国可以借鉴这些国家的经验，通过法律保障区域性组织的职权，更好发挥区域性组织的独立作用。

第二章　北京市对口援疆法治保障的基本内涵

法律的生命来源于实践，法律制度的建立健全不能仅靠逻辑推导，必须通过对实践的考察及探究，从而得出规律性的认识。因此，要回答如何建构北京市对口援疆的法治保障，首先要考察北京市对口援疆的实践。本章试图通过对援疆的历史研究，初步考察法律制度对援疆的作用，并通过北京市援疆的历史进展，进而分析法治保障对北京市援疆的功能与价值，从而初步确定北京市对口援疆法治保障的基本原则，为以后各章构建援疆法治保障体系打下基础。

第一节　法治是对口援疆的历史经验

一、对口援疆是国家战略选择

实施对口援疆，首先要正确认识新疆的重要战略地位。新疆在历史上就是军事战略要地、地缘政治上的战略缓冲地带，在新时期，新疆具有特殊重要的战略地位。2010 年召开的中央新疆工作座谈会指出，新疆局势事关全国改革发展稳定大局，事关国家统一、民族团结、国家安全、中华民族伟大复兴。[①] 习近平在 2014 年的第二次新疆工作座谈会上表示，做好新疆工作是全党全国的大事，必须从战略高度统筹考虑，对口援疆是国家战略，必须长期坚持，把对口援疆工作打造成加强民族团结的工程。[②]

新疆的战略意义主要表现在以下六个方面：

第一，新疆是我国国土安全的重要屏障。新疆在地理上位于亚欧大陆中心，亦是我国西北边陲，“东扞长城，北蔽蒙古，南连卫藏，西倚葱岭，居神州大陆之脊，势若高屋建瓴”，正处在西部陆疆与北部陆疆的交汇处，战略位置十分重要。(1)新疆自古以来就是西北边防重要地区。自汉代新疆纳入我国版图以来，新疆就是我国西北的战略重要屏障。左宗棠曾说，若新疆不固，则蒙部不安、京师不保。汉、唐、清等国家强盛时期，均高度重视新疆的战略地位，在历史上，新疆在维持边防方面发挥了重要作用。(2)新疆是我国最大的省级行政区，地域辽阔。东西最长处约 2000 公里，南北最宽处约 1650 公里，总面积 166 万平方公里，占全国陆地总面积的 1/6。[③] (3)新疆是我国交界邻国最多、陆地边境线最长的省区。陆地边境线长达 5600 多公里，占全国陆地边境线的 1/4，与俄罗斯、印度等 8 个国家接壤。(4)新疆毗邻的中亚地区是地缘政治角逐的重点区域，有些国家是全球恐怖分子活动猖獗的地区，区域安全形势较为严峻。一个繁荣稳定的新疆，不仅是我国西部国防安全屏障，也是向亚洲大陆展示我国综合国力的重要窗口。

第二，新疆局势事关全国改革发展稳定大局。自古边疆稳则国安，边疆乱则国难安。新疆处于反对国家分裂、维护国家统一的前沿

① 刘维涛：《中共中央国务院召开新疆工作座谈会》，《人民日报》2010 年 5 月 21 日，第 1 版。

② 新华社：《习近平在第二次中央新疆工作座谈会上强调坚持依法治疆团结稳疆长期建疆团结各族人民建设社会主义新疆》，《人民日报》2014 年 5 月 30 日，第 1 版。

③ 朱培民、王宝英：《中国共产党治理新疆史》，北京：当代中国出版社，2015 年，第 1 页。

阵地。20 世纪 60 年代至 80 年代末，境内民族分裂主义分子同境外敌对势力相呼应，进行分裂行动，制造了“伊塔事件”等多起分裂、武装暴乱案。20 世纪 90 年代以来，民族分裂势力、宗教极端势力、暴力恐怖势力策划和组织实施了乌鲁木齐“七五”事件等一系列暴力恐怖事件。“七五”事件后，胡锦涛在部署新疆工作时讲话指出：“如果看不到问题的严重性，采取的措施不到位，事态进一步发展，就会严重影响改革发展稳大局。如果丧失稳定，甚至已经取得的发展成果也会丧失。”[①]新疆治乱兴衰的历史证明，新疆反分裂斗争是长期存在的，如稍有松懈便有反弹之势，必须坚持不懈地依法严厉打击。[②] 只有维护好新疆发展稳定，才能更好地保证国家统一、保证全国改革发展稳定。

第三，新疆是我国西部开放的重要桥头堡。改革开放以来，我国东部、南部地区开放已经达到较高水平，向西开放仍有很大潜力，特别是在国家“一带一路”战略背景下，新疆一跃成为开放的“前沿”地带，战略作用凸显。(1)新疆是古代丝绸之路经济带的核心地带，自古以来便是中西交通之要道。新疆是“丝绸之路经济带”在我国境内北、中、南三条通道交汇的唯一省区，是我国迈向中亚、西亚、南亚、中东和东欧的东大门，2004 年至 2014 年，我国与中亚五国的贸易近 80％是通过新疆完成的，新疆拥有 17 个对外开放的国家一类口岸，阿拉山口、霍尔果斯成为我国西部集公路、铁路运输为一体的综合性国际联运口岸。[③] (2)新疆是亚欧大陆交通、物流大通道。上海至霍尔果斯的 312 国道、连云港至荷兰鹿特丹的第二条亚欧大陆桥都经过新疆，形成了公路和铁路运输大动脉。(3)新疆还是我国重要的能源安全国际通道，2014 年我国石油对外依存度已接近 60％，但原油

① 胡锦涛：《胡锦涛文选》(第三卷)，北京：人民出版社，2016 年，第 227—228 页。

② 中共新疆维吾尔自治区委员会、新疆维吾尔自治区人民政府编：《新疆辉煌 60 年：1955—2015》，乌鲁木齐：新疆人民出版社，2015 年，第 190 页。

③ 孙慧：《新疆扩大向西开放战略研究》，北京：经济科学出版社，2014 年，第 4 页。

供应主要来自海上，供应来源单一，开辟安全便捷的战略能源资源陆地大通道，对保障国家能源安全有重要意义。目前我国正以新疆为基地，建设中亚、西南亚战略通道，中国哈萨克斯坦输油管线已经建成，西气东输二线工程已与中亚天然气管道衔接。

第四，新疆是全国重要的能源基地。就自然资源而言，新疆地域宽广，土地光热资源充足，生物资源种类繁多，拥有我国最大的棉花基地，矿产种类全、储量大，石油、天然气储量占全国陆上储量的近1/3，棉花产量占全国产量的1/3，均居全国首位。毛泽东在1956年的《论十大关系》中指出，“中国地大物博，实际上是少数民族‘地大物博’，至少地下资源很可能是少数民族‘物博’”。[①] 这里的“物博”一定程度上指的是新疆。目前，新疆利用其丰富的资源，已成为我国大型油气生产加工基地、大型煤炭煤电煤化工基地、重要的风电基地。

第五，新疆是我国区域协调发展、实现共同富裕的重要组成部分。新疆作为我国西部大开发的重点区域，是国家经济发展战略布局中的重要一环。一个繁荣发展的新疆对于国家东西部区域协调发展具有重要意义。革命老区、民族地区、边疆地区和贫困地区发展是我国区域协调发展的重点和难点，也是我国脱贫攻坚的重点，新疆既是边疆地区、民族地区，其中南疆地区又是我国14个集中连片的贫困地区之一，2015年南疆贫困人口达148万，[②]要在2020年实现全面建成小康社会，农村贫困人口实现脱贫，贫困县全部摘帽，解决区域性整体贫困，任务非常艰巨。2015年中共中央、国务院发布的《关于打赢脱贫攻坚战的决定》指出，要加大中央投入力度，采取特殊扶持政策，推进新疆南疆四地州等地的脱贫攻坚。[③]

---

① 中共中央文献研究室、中共新疆维吾尔自治区委员会编：《新疆工作文献选编（一九四九—二〇一〇年）》，北京中央文献出版社，2010年，第142页。

② 董少华：《南疆迎来最好发展时机》，《新疆日报》2015年11月4日，第2版。

③《中共中央国务院关于打赢脱贫攻坚战的决定》，《人民日报》2015年12月7日，第1版。

第六，新疆是我国多民族团结的典范。新疆古称西域，是各民族迁徙融合的走廊，是"一体多元"文化和东西方文明交融的地区。生活在这片土地上的各族人民共同开发、建设、保卫祖国的边疆，创造了灿烂的文化，推动着历史的文明进步。西汉政府与乌孙、莎车、龟兹、大月氏等50余个西域小国建立了密切的经济文化联系，促进了西域社会经济的发展，共同维护了古代丝绸之路的通畅，使得西域各族"不乐匈奴而慕汉"。东汉治理西域时，实行民族和睦政策，特别是班超出使西域期间，汉族和西域各族在共同抗击北匈奴的战斗中，结成了深厚的友谊，民族团结表现得更为突出。① 魏晋南北朝时期，入主中原的少数民族政权学习汉族文明，并影响着西域，这期间西域出现的鲜卑、柔然、高车、突厥等古代民族，与乌苏、匈奴等原住民族相互交流，促进了民族融合。在清代，新疆曾发生过体现各民族团结一致的两大壮举：一是锡伯族、达斡尔族从东北到新疆的西迁，二是土尔扈特自俄国东归。在近代，新疆各族人民在反对外国侵略的过程中，形成了休戚与共、相互依存的亲密关系，新疆各族人民反对阿古柏入侵和沙皇俄国侵占伊犁，支持左宗棠收复新疆，就是民族团结的体现。新疆的历史，就是包括汉族在内的各族人民共同抵御侵略、共同开发建设的历史。维护好新疆这个民族团结典范，对于巩固和发展全国各民族大团结，增强少数民族同胞对中华民族的认同感具有重要示范作用。

二、中国古代援疆的法治化考察

（一）汉唐时期援助新疆制度

汉唐时期援助新疆主要基于治理西北边疆的羁縻政策。羁縻政

---

① 方英楷主编：《中国历代治理新疆国策研究》，乌鲁木齐：新疆人民出版社，2006年第26页。

策指册封西域原有的少数民族国王和官员，让他们管理本国内部事务，并通过加强军事、政治、经济、文化等诸多联系的办法，施加中央政府的影响，从而稳固边疆。

西汉时期确立了我国开发并援助新疆的基本政策。公元前 138 年，汉武帝派张骞出使西域，西汉政权与西域各城邦建立了联系。公元前 60 年，西汉政权设立西域都护府，管辖新疆天山南北和巴尔喀什湖以东、以南直至帕米尔高原的广大地区，自此新疆正式列入汉朝版图。为了联合西域各国共同对付匈奴，保卫西北边防，西汉政府治理西域采取了四方面政策：一是承认西域原有的 50 余个小国，册封国王、官员，让他们管理其国内部事务。二是在西域实行免税政策，不设郡县，不向西域各国征收任何赋税。三是西域都护府的运营费用及官兵俸禄皆由中央政府提供，不给西域各国增加财政负担。四是实行屯垦戍边，公元前 105 年，汉武帝派军在西域实行屯垦戍边政策，士兵既是战斗员又是屯田者，每名士兵平均种地 20 多亩，就连驻西域官兵和往来使者吃的粮食、肉菜，也由屯田军供给。[①] 唐代是汉代以后第二个援助并开发新疆卓有成效的朝代。唐代中央政府在西域设置安西都护府和北庭都护府，统一管理西域的军政事宜，每年需要大量的财政支出，这些财政支出有相当一部分都由中央政府承担，[②]如《旧唐书-地理志》："自开元及天宝，给衣则五百三十万，伊、西、庭、安西四十万。"[③]唐代中央政府开发西域的主要手段有两方面：一是设置专门的机构负责互市事宜。"时西域诸蕃，多至张掖，与中国交市"，唐与回纥的绢马互市，极大地解决了唐朝军队的战马

---

① 方英楷主编：《中国历代治理新疆国策研究》，乌鲁木齐：新疆人民出版社，2006 年，第 56 页。

② 陈宏：《中央实施援疆工作的历史考察和经验总结》，乌鲁木齐：新疆人民出版社，2015 年，第 15 页。

③ 方英楷主编：《中国历代治理新疆国策研究》，乌鲁木齐：新疆人民出版社，2006 年，第 92 页。

需求，而回纥通过从唐得到大量绵帛，经“丝绸之路”与各国商队进行贸易，从中获取巨额利润，互市还对中原王朝与西域少数民族关系改善产生了深远影响。二是进行大规模屯垦戍边。唐军在西域兴办了11个屯田区，遍布西域各地，史载“屯田五十六屯”，开垦面积超40万亩，远超西汉以来历代屯田规模，不仅“仓库盈”，保障了军队供给，而且使天山以北农业生产结构发生了变化，由牧业向牧农并举转变。此外，中原的水利工程和灌溉技术、手工业技术的传入，对西域经济繁荣也发挥了积极作用。

汉唐时期对西域的援助制度为我国开发西北边疆产生了深远影响：一是确立了中央政府援助西北边疆的历史使命，西北边疆的军队和行政开支列入中央财政支出。中央财政拨款“取之于内地，用之于新疆”，为西北边疆发展注入了外部资金，不给西域各国增加财政负担，促进了当地少数民族经济的“休养生息”。二是屯垦戍边成为援疆的基本制度。汉唐对西北边疆的开发离不开大量内地劳动者的援助，这些劳动者战时皆兵、平时皆民，带来了内地的生产技术、生产经验，把中原地区先进的耕作方式带到了西北边疆，促进了当地生产力的进步。三是中央政府的贸易政策直接影响援疆效果。汉唐时期采取积极的边贸政策，鼓励西北边疆与内地通商，内地的物资源源不断地交易到西北边疆，不仅促进了当地的经济繁荣，也促进了民族间交流交往。

（二）清代支援新疆的协饷制度

清政府支援新疆促进了新疆经济社会繁荣发展。18世纪中期清政府治理新疆后，开始对新疆进行财政支援，特别是1884年新疆建省后，清政府加大援助力度，从乾隆后期到道光初年的60余年里，新疆人口日渐增多，商业发展一派繁荣，新疆经济社会发展进入繁荣时期。清政府支援新疆财政的制度称为协饷制度。由于新疆财政不能自理，支出的主要部分需要内地协济，这部分称为协饷，即从富裕的省份的钱粮中拨一部分给新疆，所谓酌盈济虚。晚清新疆巡抚陶模有一段话："各省利源出于地方，新疆饷源协自临省，故他省以兴利为筹饷，新疆惟有以节饷为理财。"[①]清政府规定，新疆所有财政收入都留疆使用，收支差额，则通过协饷解决，新疆遇到大事，由中央政府拨专款支持，称为"专饷"。协饷类似于现在的对口援助制度，属于横向转移支付。而专饷则是中央政府的直接拨款，属于纵向转移支付。这些费用，大部分用于驻新疆清军官兵和办事人员的工资及日常行政开支，还有一部分用于水利、修路等工程建设。晚清时期新疆的协饷，由陕甘总督在各省协济西北的银款中拨解。新疆每年共得协饷360余万两，在1897年以前，对新疆的协饷供应，各省均能基本解清，没有大的欠款。因此，新疆的协饷收入虽然逐年有所减少，但基本保证了新疆财政支出的需求。据学者考证，在1760—1862年及1884—1911年间，新疆共获得协饷3.8亿两白银，新疆每年协饷约占清政府财政收入的15%，成为当地财政收入的主要来源，[②]不但全额支付了驻军及政府的官兵俸禄和日常开支，也为新疆经济发展提供了有力保障。

清代援疆的协饷制度为我国当代制定援疆法律和政策提供了宝贵的历史经验：一是协饷政策为清代西北边界稳定发挥了重要的作用，也为受援地的民众减轻了税收负担，促进了贸易发展和经济繁荣。二是协饷的数额巨大，在经济繁荣时期尚可支付，在清末经济萧条时期，成了清政府和各省沉重的财政负担，导致后期难以为继。三是内地各省在援助新疆中并未实现互惠互利，仅是受制于中央政府的政治压力，新疆物资丰富，矿产、马匹、皮革、棉花等商品有不少是内地各省需要的，[③]但清政府限制内地与新疆贸易，抑制了各省援助

---

① 齐清顺：《清代新疆经济史稿》，乌鲁木齐：新疆人民出版社，2014年，第415页。
② 齐清顺：《清代新疆的协饷供应和财政危机》，《新疆社会科学》1987年第3期，第75页。
③ 齐清顺：《清代新疆的协饷供应和财政危机》，《新疆社会科学》1987年第3期，第83页。

的积极性。四是由于新疆当地维吾尔族群众受伯克剥削严重，消费水平低，内地输入的真金白银并没有留在当地，而是绝大部分返回了内地，并未使当地实体经济真正受益。五是协饷制度使新疆地方政府产生了严重的财政依赖，限制了其自身开辟财源的渠道，影响了财政能力的提高，在协饷制度退出后新疆经济举步维艰便是证明。

三、新中国成立后的对口援疆政策考察

（一）新中国成立初期的援疆政策（1949—1978）

实施大规模财政援助。新中国成立初期，新疆财政自给率很低，中央政府在财力十分紧张的情况下，对新疆财政进行了大量支援，使新疆财政入不敷出的局面得到改善。1949 年 12 月彭德怀给毛泽东的电报中表示“新疆目前最严重的问题是财政经济问题，新疆本身大约只能解决财政需要的百分之三十左右，百分之七十以上必须中央帮助”①。1950 年陈云在起草的“关于财政支持新疆的两种办法”中明确提出，要为新疆筹拨电力、建厂纺纱，通过建立初步的工业基础，使财经逐渐自给。② 从 1950 年到 1978 年，中央财政对新疆财政补贴达 55.91 亿元。③ 援疆注重发展少数民族经济。（1）周恩来在 1950 年的政务院会议上讨论西北地区民族工作时指出：“对于少数民族地区的贸易，让少数民族同胞多得一些利益，汉族同志应该抱着这样的精神和少数民族通商……开发柴达木盆地问题，但当地的少数民族可能误会我们要强占他们的地方而引起冲突，所以这件事最好慎重

---

① 中共中央文献研究室、中共新疆维吾尔自治区委员会编：《新疆工作文献选编（一九四九——二〇一〇年）》，北京：中央文献出版社，2010 年，第 39 页。

② 中共中央文献研究室、中共新疆维吾尔自治区委员会编：《新疆工作文献选编（一九四九——二〇一〇年）》，北京：中央文献出版社，2010 年，第 49 页。

③ 陈宏：《中央实施援疆工作的历史考察和经验总结》，乌鲁木齐：新疆人民出版社，2015 年，第 51 页。

一些，不要冒失。”[①]（2）1963 年毛泽东深刻分析总结了 1962 年发生的伊犁、塔城边民越境外逃事件的原因和教训，指出：“新疆首先要做好经济工作，新疆经济的发展和人民生活的改善，不仅要比国民党时期好，而且要比苏联好……要注意搞好民族关系，增强民族团结。”[②]（3）邓小平在新中国成立初期指出，实行“民族区域自治，不把经济搞好，那个自治就是空的”。[③]（4）新中国第一代领导人还强调重视民族地区工业发展及吸收少数民族群众就业和培养技术人员。1956 年刘少奇在关于民族工作问题的讲话中指出：“在少数民族地区的工业，都必须注意帮助少数民族培养自己的科学技术干部和企业管理干部。”[④]

经济援疆兼顾民族团结。新中国成立初期，毛泽东、周恩来等党和国家领导人尤其注重民族团结工作，多次指出对新疆进行支援和经济社会改革时，要注重民族团结。毛泽东在 1949 年 9 月 26 日发给西北局的电报指出“解决新疆问题的关键是我党和维吾尔族的亲密合作”[⑤]。在 1950 年 6 月召开的中共七届三中全会上，毛泽东进一步指出，团结少数民族很重要，少数民族地区的社会改革必须谨慎对待，条件不成熟，不能进行改革。一定要帮助少数民族训练他们自己的干部，团结少数民族的广大群众。[⑥] 1956 年毛泽东在《论十大关

---

① 中共中央文献研究室、中共新疆维吾尔自治区委员会编：《新疆工作文献选编（一九四九——二〇一〇年）》，北京：中央文献出版社，2010 年，第 54 页。

② 中共中央文献研究室、中共新疆维吾尔自治区委员会编：《新疆工作文献选编（一九四九——二〇一〇年）》，北京：中央文献出版社，2010 年，第 228 页。

③ 新疆维吾尔自治区地方志编委会编：《新疆通志·民族志》，乌鲁木齐：新疆人民出版社，2005 年，第 315 页。

④ 中共中央文献研究室、中共新疆维吾尔自治区委员会编：《新疆工作文献选编（一九四九——二〇一〇年）》，北京：中央文献出版社，2010 年，第 168 页。

⑤ 中共中央文献研究室、中共新疆维吾尔自治区委员会编：《新疆工作文献选编（一九四九——二〇一〇年）》，北京：中央文献出版社，2010 年，第 10 页。

⑥ 中共中央文献研究室、中共新疆维吾尔自治区委员会编：《新疆工作文献选编（一九四九——二〇一〇年）》，北京：中央文献出版社，2010 年，第 39 页。

系》中指出援助新疆等少数民族的经济文化建设时要注意民族团结。[①] 周恩来进一步明确了民族问题必须请示中央原则，强调民族团结要做长期工作。他在 1950 年政务院会议上指出："凡是涉及民族问题，比较重要的事应该请示大行政区，更重大的必须请示中央。"[②]周恩来在 1965 年召开的新疆党政军负责干部会议上还指出："民族团结不是靠一两个突击工作就能够做好，而是要做长期工作。"[③]

动员全国力量援疆。自 1949 年中国人民解放军入疆以来，中央政府动员全国各地对新疆进行了大规模人力、物力支援。在人力方面，1950 年至 1952 年有"八千"湘女入疆，1954 年山东动员文登、莱阳七千余名妇女入疆。1958 年中共中央动员青年前往新疆参加社会主义建设，决定自 1958 年至 1963 年从湖南、湖北、安徽、江苏动员两百万人去建设新疆。动员的青年包括农民、工人、商业、教育、卫生和各种服务人员，还必须配备一定数量的干部和党、团员。在物力方面，上海、天津等地搬迁钢铁厂、棉纺厂等工厂支援新疆，使新疆的轻工业和重工业得到快速发展；内地各省市供应了新疆大部分的生产资料和生活资料，1950 年到 1979 年，全国各地支援新疆的商品物资累计达 5700 多万吨。[④]

（二）改革开放后的对口援疆（1979—2009）

正式提出对口援疆政策。对口援疆的政策提法源于 1979 年，

---

① 中共中央文献研究室、中共新疆维吾尔自治区委员会编：《新疆工作文献选编（一九四九——二〇一〇年）》，北京：中央文献出版社，2010 年，第 143 页。

② 中共中央文献研究室、中共新疆维吾尔自治区委员会编：《新疆工作文献选编（一九四九——二〇一〇年）》，北京：中央文献出版社，2010 年，第 54 页。

③ 中共中央文献研究室、中共新疆维吾尔自治区委员会编：《新疆工作文献选编（一九四九——二〇一〇年）》，北京：中央文献出版社，2010 年，第 168 页。

④ 朱培民、王宝英：《中国共产党治理新疆史》，北京：当代中国出版社，2015 年，第 63 页。

1979年4月全国边防工作会议确定经济发达的省市对口援助五个自治区和少数民族比较集中的云南、贵州和青海三个省。[①] 同年7月中共中央转批了乌兰夫在全国边防工作会议上的报告，确定国家要组织内地省市对口援助边境和少数民族地区，[②]同月，中共中央决定组织内地省市援助边疆和民族地区，其中江苏支援广西、新疆，这是最早提出对口援疆的文件。以此为开端，发达地区与民族自治地方逐渐发展为多领域、立体化的对口援助，但相比20世纪80年代全国援助西藏的热潮，援疆工作并没有太多实质进展。

明确经济发达地区对口援助是历史责任。1991年12月，《国务院关于进一步贯彻实施〈中华人民共和国民族区域自治法〉若干问题的通知》指出，经济发达的省市应与一两个自治区和少数民族较多的省，通过签订协议或合同，帮助民族地区加速发展。[③] 1992年江泽民在中央民族工作会议上进一步指出，要加强比较发达地区对不发达地区的对口援助，这是比较发达地区义不容辞的历史责任。[④]

大规模援疆开始实施。1996年3月中共中央政治局常委会专题研究新疆稳定工作，确定开始实施大规模对口援疆。2000年9月开始，中央政府决定在北京、天津、上海、南京等12个城市开办新疆内地高中班。[⑤] 2002年以后，胡锦涛明确提出"稳疆兴疆，富民固边"战略。2005年4月中共中央对援疆政策作了调整，中共中

---

① 2000年10月23日在第九届全国人民代表大会常务委员会第十八次会议上，全国人民代表大会常务委员会副委员长铁木尔·达瓦买提关于《中华人民共和国民族区域自治法修正案（草案）》的说明，2015年，http://www.npc.gov.cn/npc/zfjc/zfjcelys/2015-12/28/content_1957562.htm，2016年5月5日。

② 乌兰夫：《全国人民团结起来，为建设繁荣的边疆巩固的边防而奋斗》，全国边防工作会议上的讲话，《中国民族》2008年第11期，第8页。

③ 中共中央文献研究室、中共新疆维吾尔自治区委员会编：《新疆工作文献选编（一九四九——二〇一〇年）》，北京：中央文献出版社，2010年，第343页。

④ 江泽民：《江泽民文选》（第1卷），北京：人民出版社，2006年，第192—195页。

⑤ 陈宏：《中央实施援疆工作的历史考察和经验总结》，乌鲁木齐：新疆人民出版社，2015年，第159页。

央办公厅下发《中共中央办公厅、国务院办公厅关于确立有关省市、企业与新疆维吾尔自治区南疆四地州和新疆生产建设兵团在南疆三个师对口援助关系的通知》,要求北京等7省市和中国长江三峡工程开发总公司等15个国有重要骨干企业承担对口援助任务。[①] 成立中央新疆工作协调小组。由于新疆工作涉及方方面面,为了加强对新疆工作的领导和统筹协调工作,2000年中共中央成立议事协调机构——中央新疆工作协调小组,由中共中央政法委、国务院、武警部队、新疆自治区党委政府等多个部门和单位组成。中央新疆工作协调小组组长由中共中央政治局常委兼任,中共中央新疆工作协调小组常设办事机构为中央新疆工作协调小组办公室。

(三)新一轮对口援疆(2010年至今)

对口援疆上升为国家战略,对口援助机制进一步完善。2009年的"七五"事件成为援疆政策调整的重要节点,"七五"事件后,胡锦涛中断对意大利访问提前回国后主持召开中共中央政治局常委会研究部署新疆工作时指出:"事态进一步发展,就会严重影响改革发展稳定大局","维护和保持新疆社会大局稳定,是当前新疆最重要最紧迫的任务,如果丧失稳定,新疆改革发展就会受到严重影响。"[②]2010年3月,中央决定全国19个省市以全覆盖方式对口援助新疆12个地(州)的82个县(市)以及兵团12个师。2010年5月中央召开首次新疆工作座谈会,进一步细化完善了对口援助的资金保障、人才保障、援助领域。胡锦涛要求,加快建立对口援助机制,建立直接对口到县市(兵团师团场)的援助机制,构建经济、教育、科技、人才、干部

---

① 中共中央文献研究室,中共新疆维吾尔自治区委员会编:《新疆工作文献选编(一九四九——二〇一〇年)》,北京:中央文献出版社,2010年,第609页。

② 胡锦涛:《胡锦涛文选》第3卷,北京:人民出版社,2016年,第228—230页。

全方位援疆格局，推进新疆跨越式发展和长治久安。[①] 2014 年 5 月习近平在第二次中央新疆工作座谈会上进一步明确指出："对口援疆是国家战略，必须长期坚持。"[②]

南疆成为对口援疆的重点。新疆一盘棋，南疆是"棋眼"。南疆地区是除西藏外的全国仅有的自治民族高比例聚集区[③]，是我国 14 个集中连片特困地区之一，是新疆反恐维稳的主战场。新疆问题的核心在于南疆的发展进步和民族团结。2010 年以后，国家加大了对南疆的扶持力度，在新一轮对口援疆中，把北京、广东等发达省市的援助力量集中在南疆。2014 年 5 月习近平指出："对南疆发展，要从国家层面进行顶层设计，实行特殊政策，打破常规，特事特办。"[④]此前的 2014 年 4 月，习近平在南疆考察时强调南疆发展要因地制宜，要教会农牧民先进生产技术和市场经营方式。[⑤] 2015 年新疆自治区党委首次召开南疆工作会议，系统部署了南疆发展的具体措施，提出要"举全疆之力、集全疆之智支持南疆"[⑥]。2017 年 3 月习近平在全国"两会"新疆代表团审议时指出："把南疆贫困地区作为脱贫攻坚主战场，完善农牧区和边境地区基本公共服务。"[⑦]

对口援疆更加重视民族团结。新一轮对口援疆启动以来，中央更加重视在援疆中加强民族交流交往交融，更加重视新疆少数民族同汉族相互包容、相互尊重，增强中华民族共同体的意识。2014 年 5

---

① 胡锦涛：《胡锦涛文选》第 3 卷，北京：人民出版社，2016 年，第 382 页。

② 新华社：《习近平在第二次中央新疆工作座谈会上强调坚持依法治疆团结稳疆长期建疆，团结各族人民建设社会主义新疆》，《人民日报》2015 年 5 月 30 日，第 1 版。

③ 靳薇：《西藏援助与发展》，拉萨：西藏人民出版社，2011 年，第 112 页。

④ 新华社：《习近平在第二次中央新疆工作座谈会上强调坚持依法治疆团结稳疆长期建疆，团结各族人民建设社会主义新疆》，《人民日报》2015 年 5 月 30 日，第 1 版。

⑤ 新华社：《把祖国的新疆建设得越来越美好——习近平总书记新疆考察纪实》，《人民日报》2014 年 5 月 4 日，第 1 版。

⑥ 姚彤等：《自治区党委南疆工作会议举行》，《新疆日报》2015 年 11 月 4 日，第 1 版。

⑦ 新华社：《习近平李克强张德江刘云山王岐山张高丽分别参加全国人大会议一些代表团审议》，《人民日报》2017 年 3 月 11 日，第 1 版。

月习近平在第二次中央新疆工作座谈会上指出:“新疆的问题最长远的还是民族团结问题,把对口援疆工作打造成加强民族团结的工程。”[①]2017年3月习近平参加全国“两会”新疆代表团审议时进一步强调:“民族团结是各族人民的生命线,是新疆发展进步的根本基石,要维护民族团结,筑牢各族人民共同维护祖国统一、维护民族团结、维护社会稳定的钢铁长城。”[②]

对口援疆走向制度化、法治化。新一轮对口援疆重视将援疆工作纳入法治轨道,注重在援助中落实好民族区域自治法等法律。2014年5月习近平在第二次新疆工作座谈会上强调:“围绕社会稳定和长治久安这个总目标,坚持依法治疆、团结稳疆、长期建疆。”[③]2014年9月习近平在中央民族工作会议上进一步强调:“要用法律保障民族团结,要坚持把宪法和民族区域自治法规定落实好,优化转移支付和对口援助体制机制,帮助民族自治地方发展经济、改善民生。”[④]2015年制定的“十三五”规划中,第37章第5节提出要“完善对口援助制度和措施,建立互利共赢、共同发展的互助机制”,第38章第2节提出“要加强跨省区对口援助工作,支持新疆南疆四地州加快发展,推动民族地区发展”。[⑤] 2017年公布的《“十三五”促进民族地区和人口较少民族发展规划》第12章第9节提出,完善经济、产业、教育、干部、人才、科技等相结合的全面对口援助机制,继续推

① 新华社:《习近平在第二次中央新疆工作座谈会上强调坚持依法治疆团结稳疆长期建疆,团结各族人民建设社会主义新疆》,《人民日报》2015年5月30日,第1版。

② 新华社:《习近平李克强张德江刘云山王岐山张高丽分别参加全国人大会议一些代表团审议》,《人民日报》2017年3月11日,第1版。

③ 新华社:《习近平在第二次中央新疆工作座谈会上强调坚持依法治疆团结稳疆长期建疆,团结各族人民建设社会主义新疆》,《人民日报》2015年5月30日,第1版。

④ 新华社:《中央民族工作会议暨国务院第六次全国民族团结进步表彰大会在北京举行》,《人民日报》2014年9月30日,第1版。

⑤ 新华社:《中华人民共和国国民经济和社会发展第十三个五年规划纲要》,《人民日报》2016年3月18日,第13版。

进对口援疆。①

表 2-1　新中国成立后各阶段援疆财政投入和经济增长率②

	单位	1955—1978	1979—2009	2010—2014
中央补助金额	亿元	71.9	6229.6	10616.5
援疆物资金额	亿元	235(1950—1989)	无	536
年均 GDP 增长	%	1.17%	6.1%	11.1%

第二节　北京市对口援疆的基本情况

一、受援地经济社会发展状况

和田地区地处我国西北边陲，交通约束明显，生态环境脆弱，经济发展滞后，基础设施薄弱，资金人才匮乏，集中连片贫困，社会环境复杂。和田地区总面积 24.81 万平方公里，占新疆总面积的 15%，边境线 210 公里，辖和田市、和田县、皮山县、墨玉县、洛浦县、策勒县、于田县、民丰县 7 县 1 市，驻新疆生产建设兵团农十四师团场。③ 2015 年，户籍总人口为 232.43 万人，其中维吾尔族 224.81 万人④，占

① 《"十三五"促进民族地区和人口较少民族发展规划》，《国务院公报》2017 年第 5 期，第 36 页。

② 数据资料来源于国务院新闻办 2015 年发布的《新疆各民族平等团结发展的历史见证》白皮书。

③ 和田地区行署办公室：《和田简介》，2015 年 5 月 24 日，http://xjht.gov.cn/Article/ShowArticle.aspx?ArticleID=91553，2016 年 10 月 20 日。

④ 和田地区统计局：《2015 年和田地区国民经济和社会发展统计公报》，2016 年 3 月 25 日，http://xjht.gov.cn/Article/ShowArticle.aspx?ArticleID=236546，2016 年 10 月 20 日。

96.5%。和田地区自然条件恶劣，辖区大部分位于塔克拉玛干沙漠腹地，山地和沙漠戈壁占96.3%，绿洲占3.7%。河流季节反差极大，夏季洪涝，秋冬严重干旱，春季极为缺水，全地区农业人口占85%以上，现有耕地325.76万亩，是一个典型的少边穷传统农业地区。[①]

和田地区是新疆最边缘、最贫困地区。和田地区所在的南疆是我国14个集中连片特困地区之一，是我国少数民族贫困人口最多、面积最大、集中连片的贫困地区，和田又是南疆最边缘、最贫困、条件最差的地区，2015年和田地区有贫困人口70.35万人，贫困村1077个，分别占新疆自治区的27%和35%，[②]贫困人口受教育程度低、劳动技能差、汉语水平低。在南疆四地州中，和田地区是全疆15个地州市中唯一一个未能充分享受到特殊区域发展政策的地区，以2015年为例，新疆维吾尔自治区政府在和田地区没有投资任何超大型工业项目。[③] 需要指出的是，新疆南北疆区域差距极为明显，北疆由于发展条件好，投资边际效益明显，成为新疆发展的核心区，2014年天山北坡经济带GDP占全疆67%，第二产业和第三产业产值占全疆比重达72.65%和73.28%。[④]

和田地区自我发展能力严重不足。和田地区处于工业化、城镇化[⑤]发展初期，2015年三次产业结构比例为29.5∶17.6∶52.9，城镇化率为27.25%，地区生产总值为233.8亿元，在新疆

---

① 和田地区行署办公室：《和田简介》，2015年5月24日，http://xjht.gov.cn/Article/ShowArticle.aspx?ArticleID=91553，2016年5月6日。

② 董少华等：《新疆代表委员共话精准扶贫》，《新疆日报》2016年3月7日，第3版。

③ 李韧主编：《2015—2016年新疆经济社会发展形势》，乌鲁木齐：新疆科学技术出版社，2015年，第319页。

④ 李韧主编：《2015—2016年新疆经济社会发展形势》，乌鲁木齐：新疆科学技术出版社，2015年，第313页。

⑤ 按城镇化诺瑟姆曲线划分，城镇化率30%以下属于城镇化初期，城镇化率30%—70%属于城镇化中期，城镇化率70%以上属于城镇化后期。

15个地区中排名14，仅占新疆自治区的2.5%（2015年新疆自治区的GDP为9324.8亿元），和田人均GDP为10207元，仅占新疆自治区人均GDP的25.4%（2015年新疆自治区人均GDP为40034元），和田地区财政自给率非常低，全年公共财政预算收入18.61亿元，占地区生产总值的比重仅为8.0%。[①] 和田地区是典型的低收入内向型农业经济，80%的人口依靠农业为生，经济外向度仅为0.3%，与我国改革开放初期时的发展阶段极其相似。[②]

和田地区民族宗教问题相互交织，自治民族高比例聚居，维吾尔族占九成以上，语言文字、宗教信仰、价值观念等风俗传统，与内地汉族地区差异明显。

二、北京市对口援疆的实践

和田地区是新疆人均GDP最低的地区，2010年中央政府决定19个省区市新一轮对口援疆，并决定首都北京对口援助新疆和田地区，有着特殊的考虑。北京市作为19个援疆省区市之一，把对口援疆作为北京份内的事来办，坚持首善标准和“科学援疆、全面援疆、真情援疆”理念，强化新建和续建项目统筹、硬件建设和软件提升统筹、输血和造血统筹，强化全过程、精细化管理，重视规划引领和制度保障，建立了完善的项目管理制度体系和运行机制，在注重民族边疆地区内生能力培养的同时，还注重民族团结交流交往交融，形成了北京

① 和田地区统计局：《2015年和田地区国民经济和社会发展统计公报》，2016年3月25日，http://xjht.gov.cn/Article/ShowArticle.aspx?ArticleID=236546，2016年10月20日。

② 林毅夫：《我国经济的发展与和田的机遇——2016年8月5日在和田地区党政领导干部会议上的报告》，2016年8月16日，http://www.xinjiangnet.com.cn/2016/0816/1612621.shtml，2016年8月20日。

特色的和田援建模式。北京市援疆工作自1996年开始，根据中央政府的任务要求和援助对象以及援助方式不同，大体可划分为三个阶段。

第一阶段：干部人才为主援助阶段（1996—2004）。1996年北京市援疆工作拉开序幕。当年3月中央政治局常委会议专题研究维护新疆稳定工作，要求根据新疆工作需要，培养和调配一大批热爱新疆，能够执行党的民族政策和宗教政策的汉族干部去新疆工作。北京市根据中央要求，按照“以干部人才援疆为主、经济援疆为辅”的思路，共选派四批124名援疆干部到和田地区工作，此阶段没有固定对口援助县市，八年期间共支援物资资金约0.1亿元。

第二阶段：固定对口援助县市阶段（2005—2010）。2005年5月中央新疆工作协调小组召开第五次会议，《中共中央办公厅、国务院办公厅印发关于确立有关省市、企业与新疆维吾尔自治区南疆四地州和新疆生产建设兵团在南疆三个师对口援助关系的通知》（中办发〔2005〕15号）确定了北京市与和田地区墨玉县、洛浦县和策勒县对口援助关系，提出了加大对口援疆支援力度的总体要求，全方位对口援疆工作展开。[①] 根据中央部署，北京市按照“以干部人才援疆为龙头，实行经济、科技、文化全方位援疆”的思路，共选派两批263名援疆干部到和田地区工作。在援疆资金方面，进一步加大支援力度，在2005年至2008年，每年安排2000万元，在2009年至2010年，每年安排2600万元，用于援疆文化、教育、特色产业项目等，累计向和田地区无偿援助资金物资和项目合作资金2.7亿元，引进建设项目16个，先后扶贫帮困、捐资助学36万多元，累计培训和田各类人员

---

① 中共中央文献研究室、中共新疆维吾尔自治区委员会编：《新疆工作文献选编（一九四九——二〇一〇年）》，北京：中央文献出版社，2010年，第608页。

2.85 万人次。[①]

第三阶段：全方位对口援疆阶段（2010 年至今）。2010 年按照中央部署，和田地区的援建由北京市、天津市、安徽省共同实施，北京市重点对口援助和田市、和田县、墨玉县、洛浦县（简称“一市三县”）及新疆生产建设兵团农十四师团场（简称“兵团农十四师”），支援面积约 8.21 万平方公里，支援人口约 135 万人，北京市援建的一市三县人口数占和田地区总人口的 2/3，2010 年至 2015 年，北京市先后选派 732 名优秀干部人才开展援疆工作。在“十二五”时期，北京市、天津市、安徽省援助和田地区资金超过 100 亿元，远远超过和田地区公共财政预算收入，其中，北京市共投入援疆资金 79.9 亿元，约占和田受援资金的 80%，超额完成“十二五”规划指标任务。其中，投入支持产业发展资金 10.61 亿元，重点发展特色林果业、现代设施农业、特色畜牧养殖业，累计实现了 3 万人持续稳定就业，改善了当地的生产生活条件，北京市新一轮对口援疆对促进和田地区经济社会发展、改善民生和推动各民族交流交往交融做出了重要贡献。[②]

在新一轮对口援疆的 19 个对口援疆省市中，北京市的援疆资金规模、援助领域和人力投入都位居前列，在机构设置、资金保障、项目管理、规划衔接等方面形成了全国领先的援疆模式。研究北京市援疆模式特点，进而为其他省市援疆做出示范，无疑具有重要意义。北京市援疆注重推动从资金、人才、技术帮扶向搭建市场平台、促进科技创新、深化产业合作提升转化，激发受援地内在发展动力和活力。

---

① 资料来源为《北京市关于在东西部扶贫协作和对口援助任务由来情况介绍》。

② 国家发改委地区经济司：《“十二五”对口援助和田地区资金超过 100 亿元》，2016 年 6 月 30 日，http://dqs.ndrc.gov.cn/dkzy/dkzydt/201606/t20160630_809924.html，2016 年 8 月 22 日。

表 2-2　北京市各阶段援疆基本情况

	1996—2004	2005—2010	2010—2015
援助区域	和田地区	墨玉、洛浦、策勒	一市三县一师
援助方式	干部援疆为主	综合性援疆	全方位援疆
援助资金	0.1 亿元	2.7 亿元	79.9 亿元
援疆干部	124 人	263 人	732 人

表 2-3　北京市援疆贫困县基本情况表

援助地区	县(旗、区、市)	重点贫困县	
		国家级	省区级
对口援助和田地区(1 市 3 县)	和田市		√
	和田县	√	
	洛浦县	√	
	墨玉县	√	
对口援助新疆生产建设兵团第十四师(4 团场)	47 团		√
	224 团		√
	一牧场		√
	皮山农场		√

三、北京市对口援疆中的主要经验和不足

(一) 北京市对口援疆的经验

一是突出首善标准，真情援疆。北京援疆坚持贯彻中央各项要求，市委市政府高度重视，目标高、标准高、要求高，措施到位，特别是在组织机构、人员配备、资金安排方面给予了充分保障。坚持探索创新，着力打造精品工程、建设引领示范项目，是首善标准得以有效落

实的重要体现。二是突出需求导向，科学援疆。按照中央确定的援助方向，结合受援地实际需要，援疆资金重点支持了安居富民工程、双语教育、文化卫生等民生项目，使受援地这方面条件得到了明显改善。三是突出发挥首都优势，全面援疆。积极发挥首都优势，工作覆盖科技、产业、教育、卫生、人才、文化和民族团结交往交流等各个领域。四是突出拓展支援模式，创新援疆。在双语教育、未就业大学生培养、民族团结一家亲、爱国宗教人士交流等方面积极创新工作方式方法，成效显著。

坚持体制机制建设，高质量、高效率援疆。充分利用北京的综合优势，从战略和全局高度谋划援疆工作，是推动援疆有序推进和高质量完成的基本保障。一是高标准设立组织领导机构。成立的北京市援疆和田指挥部下设 10 个职能管理部门，由北京市发展改革、科技、农业、宣传等部门和单位业务骨干组成援疆干部团队，并设立指挥部党委、纪委，为全国 19 个援疆省市前方指挥部内设机构最健全、配备专业干部最多。二是注重规划引领和制度保障，建立了科学、规范、高效的运行管理机制。市领导多次实地调研，专题部署规划任务，超前谋划，形成了五年综合规划、动态开放的援建项目储备库、年度项目投资计划和专项行动计划、年度新建项目开工计划、年度完工计划构成的实施推进机制，制定了覆盖项目管理全过程的一系列管理制度。三是完善协调调度机制，坚持发挥和调动各方力量，形成全社会援疆的工作格局。定期协调和解决问题，形成前方后方联动、援受双方联动、京和两地联动、政府与市场和社会联动的“四联动”援疆工作格局，形成援建合力和强大支撑，确保高效推进。

坚持首善标准，确保援疆项目经得起历史检验。一是坚持探索创新援助模式，在产业援疆上创建了工业园区融资平台，创新推出标准化厂房代建租购模式；在教育援疆上，积极探索“以奖带训”双语教师培训模式；在文化援疆上，建立“帮扶对子”人才培养新机制；在医疗卫生援疆上，建立“点对点”“一对一”帮扶机制。管理运行机制的创新突破，为北京援疆工作的高质量、高水平、高效率推进提供强大支撑和切实保障。二是着力打造精品工程。在项目设计上，公开征集设计方案，北京、和田两地分别评审；在项目实施上，引入专业化的项目管理公司，围绕质量、安全、项目、功能、成本要求，实行全过程精细化管理，确保工程质量和安全，确保北京援建的交钥匙项目经得起历史检验和群众检验。

坚持保障和改善民生，确保广大群众直接受益。保障和改善民生是新疆长远发展和长期稳定的基石，北京市援疆始终把保障和改善民生作为援疆工作的出发点，注重惠民实效，把解决当地群众最热切期盼解决的住房、医疗、社会福利等问题作为援疆工作的重中之重。一是加大城乡居民住房建设力度，优先推进农村安居富民工程，创造了"一村一规划"的实施模式，尽可能完善小城镇基础设施配套和基本公共服务，提升居住品质，着力改善城乡居民的居住条件和生产生活环境。二是注重援疆工作与促进就业相结合。不断探索以项目带动就业、以产业扩大就业和以培训促进就业的途径和模式，推动受援地居民就业，早日过上富裕生活。三是集中力量解决和田教育短板问题。改善受援地教育设施水平，推动教育援疆向软件延伸，促进受援地学校教育管理水平提升。四是改善受援地医疗基础设施和医疗设备条件。开展特色医疗服务，极大满足当地群众的医疗卫生需求。五是积极推进社会福利设施建设。从当地实际需求入手，加强社会福利及救助中心、敬老院等设施建设，提高社会救助保障和社会福利水平。六是利用一批小投资项目提高援疆覆盖面。支持建设了一批设施农业项目、种养殖基地项目、维吾尔药业产业项目、地方农产品加工业和传统手工业特色项目，尤其是实施免费婚检、两癌筛查、健康和田人义诊活动、白内障复明、北京和田民族团结夏令营等一批资金量较小、覆盖面广、支持方式灵活的项目给群众带来实实在在的好处，促进了民族团结，让更多群众直接受益。

坚持深化两地交流、交往和交融，确保民族团结融合。历史表明，民族交流交往交融是民族团结和谐、社会稳定的基石。和田自古以来就是多民族多文化的交融荟萃之地，北京市援疆工作始终以民族交融为着力点，充分发挥教育、文化和医疗卫生等功能，夯实民族团结融合根基。一是通过改善教育设施、支持双语教育、建立教育援疆长效机制，充分发挥教育立德树人的教化功能，促进思想交融。二是通过实施“三个一批工程”，建设一批医疗设施、培养一批医务骨干、打造一批品牌医疗服务，发挥医疗治病救人的感化功能，促进情感交融。三是以现代文化为引领，通过制定并落实文化援疆行动计划，改善基本公共文化服务，促进京和两地文化传播交流、积极培养文化人才、加强文化资源的开发与保护，丰富和田群众精神文化生活，发挥文化熏陶育人的润化功能，促进心灵交融。

（二）北京市对口援疆的不足

援受双方经济地位不平衡引起的理念冲突。经济基础决定上层建筑，发展程度差距过大也会引发观念的冲突。京和两地经济发展阶段不同，观念冲突也非常明显。北京市援疆干部理念比较科学，但和田干部更了解当地实际，在项目甄选、资金分配上，京和两地干部时有争论。[①] 和田地区一些干部存在着“强刺激”、上项目、盲目投资的思维习惯，出现了一些不合乎经济规律的思路，比如在园区产业定位上项目时对城市空间布局缺乏科学、合理的安排，援建项目选址科学性论证不够充分。而北京市援疆干部有时缺乏对当地民众实际需求的深入了解，一定程度上存在援助项目前期论证不足、深度不够，建设内容调整多的现象。如何减少观念冲突，使之既不脱离当地实际，又能发挥发达地区的引领、驱动作用需要通过法律、政策等制度规范。

① 北京市援疆指挥卢宇国：《光靠帮扶支援不能解决根本问题》，2016 年 6 月 21 日，http://news.ifeng.com/a/20160621/49206145_0.shtml，2016 年 12 月 8 日。

援疆效果受制于当地发展条件。2011 年至 2014 年北京援和安排项目的开工和完工率都高达 100％和 91.7％，但是竣工验收率偏低；同时，“交支票”项目完工率 81％，低于“交钥匙”“定额补助”的完工率。一方面，这与地方建设能力较弱、施工效率较低、市政配套能力跟不上有关。受援地财力有限，建设项目征地拆迁迟缓，且长期以来城镇道路、供电、供水、供暖、通信等城镇基础设施建设严重滞后，少数项目竣工后由于市政配套问题不能够及时验收交用，难以尽早发挥援建项目的经济和社会效益。另一方面，也与受援地长期的项目管理工作不规范、对施工方监管缺失，项目竣工交用缓慢有关。部分交付使用的基本公共服务项目，存在专业技术人才短缺、运行费用不足、维护管理不到位等情况，影响项目效益发挥。根据北京市援疆 2015 年审计报告，北京市援建和田地区医疗急救体系建设项目、墨玉县特色种植项目等 4 个由受援地负责组织实施的“交支票”和设备采购项目，总投资 4245.57 万元。有的配套工程和单项工程未按时完成或未按计划实施，项目使用效果受到一定程度影响。①

第三节　北京市对口援疆法治化的价值与功能

一、对口援疆法治化的价值

法治的字面含义为法律的规制、统治。法治形式上要求法律是良善的，能保障人权、控制权力，行为上要求法律得到实施。中共第十八届四中全会指出，法律的生命力在于实施②，无疑是对法治很好

① 北京市审计局：《关于对口援助新疆和田地区一市三县和兵团农十四师发展资金和项目跟踪审计结果公告)》，2016 年 4 月 22 日，http://www.bjab.gov.cn，2016 年 12 月 5 日。

② 新华社：《中国共产党第十八届中央委员会第四次全体会议公报》，《人民日报》2014 年 10 月 24 日，第 1 版。

的诠释。笔者认为法治的含义有二：一是通过制定和实施法律来保障社会制度的运行，使人们能实现秩序、正义、自由、平等等价值。二是法治是国家治理的一种方式，区别于“人治”。价值是指“客体能够满足主体需要的效用”，法律价值是法律内在的“善”及其评价标准问题。[①] 法治的核心价值是秩序、正义、自由[②]：第一，法律可以创造、保障秩序秩序。法律维护的秩序有两类：一类是关于财产和人身安全的秩序，一类是与公权力的设立、运行有关的秩序。第二，正义是法律的本质属性，是法律的矫正器，法无正义不为法。从亚里士多德开始，正义就是平等问题，分配正义就是贡献的平等。第三，法律是自由实现的形式。孟德斯鸠说：自由是做法律所许可的一切事情的权利。[③]马克思认为，自由是人的本质。[④] 法律为人的自由全面发展提供保障，比如保障公民受教育、提供社会救济，建立公平社会机制。

对口援疆法治化的价值就是使对口援疆遵循秩序、正义和公平等核心价值，通过制定法律、实施法律、监督法律的方式来保障受援地区少数民族的各项权利，实现受援民族地区经济、社会事业的发展、少数民族和汉族分享发展成果、社会的善治，从而达到民族平等、民族团结、民族共同繁荣、社会公平正义、长治久安的目标。(1)对口援疆法治化的价值之一在于保障宪法所确定的“援助权”。笔者认为，援助权是指发达省份按照宪法要求帮助少数民族发展经济、社会事业的过程中，自然获得的权利，其内涵有四方面。一是援助权的合宪性，《宪法》第 4 条第 2 款规定：“国家根据各少数民族的特点和需

---

① 周永坤：《法理学：全球视野》，北京：法律出版社，2016 年，第 177 页。

② 周永坤：《法理学：全球视野》，北京：法律出版社，2016 年，第 181 页。

③ [法]孟德斯鸠：《论法的精神》，张雁深译，北京：商务印书馆，1995 年，第 154 页。

④ [德]马克思：《关于新闻出版自由和公布省等级会议辩论情况的辩论》，《马克思恩格斯全集》第 1 卷，北京：人民出版社，1995 年 6 月，第 167 页。

要，帮助各少数民族地区加速经济和文化的发展。”①二是援助权的授权性，它是由中央政府依照宪法授权的，中央政府没有授权的援助不具备合法性。三是自然获得性，它是在援助过程中自然获得的权利，是由于拥有的资金、技术、管理方法等“器物”的相对先进性获得的可信性、科学性、权威性等权利，以及在分配项目、资金等方面的自主性而生成的权利。四是援助权的权责统一性，获得并行使援助权利的目的是为了履行援助的责任，并接受中央政府及受援地政府及群众的评价和监督。(2)对口援疆法治化的价值之二在于保障宪法所确定的“少数民族自治权”。民族区域自治权指民族自治地方的自治机关，在法律授权范围内，自主地行使管理本地方、本民族内部事务的一种特定权利。② 笔者认为，民族自治权是宪法赋予少数民族地区最重要的权利，作为一项国家权力，是专门为保障少数民族发展权和平等权而设置的，是保障少数民族就业权、财产权等经济和政治权利得以实现的基本途径。《宪法》第 4 条第 3 款规定“各少数民族聚居的地方实行区域自治，设立自治机关，行使自治权”，确立了民族区域自治权的法律地位。(3)对口援疆法治化的价值之三在于保障援助权和民族自治权的协调统一。民族自治权包括经济、社会自治权等，其中的民族经济自治权与援疆省份援助权有冲突，如何协调两者的关系，使之互相促进而不是互相掣肘，是对口援疆法治化的价值所在。

二、对口援疆法治化的功能

法的价值在于用法律解决了理论方面的内核，法的功能主要指

---

① 《中华人民共和国宪法》，国务院法制办公室编：《中华人民共和国法律全书(第四版)》，北京：中国法律出版社，2016 年，第 2 页。

② 宋才发：《民族区域自治制度的发展与完善—自治区自治条例研究》，北京：人民出版社，2008 年，第 425 页。

的是法律解决现实问题的作用、效能。有学者认为,法的功能是法的价值得以实现的前提,法的价值只有主体运用法律并对社会产生影响才能实现。① 有学者认为,法的价值体现为主体需要,法律功能正是满足这种需要的工具。②

笔者认为,对口援疆法治化的功能主要有三项:一是解决对口援疆中的政策多变问题。法律以政策为先导,而政策上升到最高层级就形成了法律。政策较多包含着政府的主观意愿,有较大的可变性,时效性也较短,缺乏稳定性和长期性,虽然有见效快的优势,但随着市场在经济中逐渐发挥主导作用时,政策施展的空间逐步变小。相比于政策,法律具有指引、评价、预测等功能,是一个相对稳定的、可预知的制度,能够更好受到监督和规范。对口援疆纳入法治轨道可以减少政策变化引发的不确定性,确保援疆制度的长期性与稳定性,可以把北京市对口援疆中的一些成熟的经验和制度巩固下来。二是规范对口援疆省市、受援地的权利与义务,解决对口援助中的深层次体制问题。比如避免援受双方政府行政管理体制冲突、促进财政分权体制下的财政支持、调节市场机制与政府行为等。进一步做好对口援疆工作,应该通过构建和完善对口援疆的法律制度,明确其运行的体制机制和保障措施,依法确保对口援疆工作科学推进。三是规范、制约援疆实践。援疆过程中会有一些深层次的体制障碍,涉及各种群体的利益和不同的社会关系,如何调整援疆中的社会关系,调整中央政府、援疆省份的利益冲突,进而扫清援疆中的障碍和制约,是对口援疆法治化的功能之所在。

---

① 田钒平:《〈民族区域自治法〉配套立法探讨》,《民族研究》2015 年第 2 期,第 3 页。

② 陈宜:《法的价值与功能辨》,《西南民族学院学报(哲学社会科学版)》第 22 卷第 4 期,2011 年 4 月,第 82—83 页。

第四节　对口援疆法治保障的法律基础

一、宪法及民族区域自治法的法理基础

《中华人民共和国宪法》共有三部分直接或间接涉及对口帮扶。序言规定："国家尽一切努力，促进全国各民族的共同繁荣。"①第4条规定："国家根据各少数民族的特点和需要，帮助各少数民族地区加速经济和文化的发展。"②第122条规定："国家从财政、物资、技术等方面帮助各少数民族加速发展经济建设和文化建设事业。"③在宪法层面上确定了国家有义务帮助少数民族地区发展经济的法理基础。

1991年12月国务院在《关于进一步贯彻实施〈中华人民共和国民族区域自治法〉若干问题的通知》中指出："要有领导、有计划地推进经济发达地区与民族地区的对口援助，经济发达的省市应通过签订协议或合同，帮助民族地区加速发展。国务院有关部门要积极做好规划、协调工作。"④这是中央政府首次通过文件的方式明确地方政府之间可以签订协议或合同来进行对口援助。

2001年2月，为进一步加强对口援助，实现民族互助，根据多年来的经验和做法，由全国人大常委会通过《关于修改〈中华人民共和

---

① 《中华人民共和国宪法》，国务院法制办公室编：《中华人民共和国法律全书（第四版）》，北京：中国法律出版社，2016年，第2页。

② 《中华人民共和国宪法》，国务院法制办公室编：《中华人民共和国法律全书（第四版）》，北京：中国法律出版社，2016年，第2页。

③ 《中华人民共和国宪法》，国务院法制办公室编：《中华人民共和国法律全书（第四版）》，北京：中国法律出版社，2016年，第12页。

④ 中共中央文献研究室、中共新疆维吾尔自治区委员会编：《新疆工作文献选编（一九四九——二〇一〇年）》，北京：中央文献出版社，2010年，第343页。

国民族区域自治法〉的决定》，将第 61 条改为第 64 条，内容修改为："上级国家机关应当组织、支持和鼓励经济发达地区与民族自治地方开展经济、技术协作和多层次、多方面的对口援助，帮助和促进民族自治地方经济、教育、科学技术、文化、卫生、体育事业的发展。"①同时，在原第 62 条增加一款："国家引导和鼓励经济发达地区的企业按照互惠互利的原则，到民族自治地方投资，开展多种形式的经济合作。"②相比 1985 年的《民族区域自治法》，2001 年修改的条款首次增加了"多层次、多方面的对口援助"，首次在我国法律条文上提出"对口援助"概念；同时，增加了"帮助和促进民族自治地方经济、教育、科学技术、文化、卫生、体育事业的发展"，从法律规定上完善了对口援助制度，拓展了对口援助的内容，不仅包括经济和文化，还包括教育、科技、卫生、体育。此外，增加了"鼓励"两字，说明国家积极倡导发达省份地方对口帮扶开展，并鼓励地方丰富帮扶形式；新增的一款则在市场层面鼓励企业开展多种形式合作。

2005 年 5 月国务院颁布《国务院实施〈中华人民共和国民族区域自治法〉若干规定》，力求用行政法规的形式明确各级人民政府在贯彻实施自治法中的职责。国务院颁布的若干规定，一定程度上解决了《民族区域自治法》中对口援助条款可操作性不强的问题，明确了对口援助的多种形式，包括产业转移、技术转让、人才培训、资金支持、物资支持；并完善了对口援助的主体——由政府、企业拓展到高等院校、科研单位以及社会力量。第 19 条规定"在发达地区普通中学开设民族班或者开办民族中学"③，把北京等发达地区开设"内地

① 《中华人民共和国民族区域自治法》，国务院法制办公室编：《中华人民共和国法律全书(第四版)》，北京：中国法律出版社，2016 年，第 1—96 页。

② 《中华人民共和国民族区域自治法》，国务院法制办公室编：《中华人民共和国法律全书(第四版)》，北京：中国法律出版社，2016 年，第 1—96 页。

③ 《国务院实施〈中华人民共和国民族区域自治法〉若干规定》，《人民日报》2005 年 5 月 27 日，第 8 版。

高中民族班”的做法用法律规定固定下来。

在其他部门法中，也对对口援助行为进行了界定，比如 2014 年修订的《预算法》就对对口援助的资金使用进行了规定。第 39 条规定：“中央预算和有关地方预算中应当安排必要的资金，用于扶助革命老区、民族地区、边疆地区、贫困地区发展经济社会建设事业。”[①]这些部门法对对口援助行为的规范，为制定专门的对口援助法律打下了坚实的法理基础。

二、对口援助法治化的法律实践

三峡库区移民安置实施以后，国务院于 1993 年 8 月制定了《长江三峡工程建设移民条例》，首次以国务院行政法规的方式对对口援助进行了界定，指出“国家鼓励和支持国务院有关部门和各省区市采取多种形式，从教育、科技、人才、管理、信息、资金、物资等方面，对口援助三峡库区移民安置”，[②]这是对口援助立法的一个里程碑。2001 年 2 月国务院颁布了修订后的《长江三峡工程建设移民条例》，并明确了对口援助事项，增加了“国务院有关部门和有关省区市应当按照优势互补、互惠互利的原则，鼓励名优企业到三峡库区投资建厂”。[③]《长江三峡工程建设移民条例》对于对口援助立法的意义有三：一是国务院首次依照法律法规，在国务院专门立法中涉及对口援助事项。二是以行政法规明确了国务院有关部门和有关省区市作为对口援助的主体，并首次明确了信息、管理等“软件”援助。三是确定了发挥受援地和援助地各自的比较优势，进行互惠互利合作。

---

① 《中华人民共和国预算法》，国务院法制办公室编：《中华人民共和国法律全书（第四版）》，北京：中国法律出版社，2016 年，第 4—20 页。

② 《长江三峡工程建设移民条例》，2001 年 3 月 1 日，http://fgk.chinalaw.gov.cn/article/xzfg/199308/19930800268362.shtml，2016 年 5 月 11 日。

③ 《长江三峡工程建设移民条例》，《司法业务文选》2001 年第 1 期，第 11—24 页。

2008 年 6 月国务院颁布了《汶川地震灾后恢复重建条例》，这是国务院制定的涉及对口援助概念的第二个条例，条例提出在安排中央财政灾后恢复重建基金的同时建立对口援助机制。第 63 条提出：非地震灾区的县级以上地方人民政府及其有关部门应当按照国家和当地人民政府的安排，采取对口援助等多种形式支持地震灾区恢复重建。[①]《汶川地震灾后恢复重建条例》是目前我国对援助规定最为细致的国务院行政法规，在资金筹集、政策扶持、监督管理、法律责任等方面进行了明确规定，为对口援助立法提供了重要的借鉴作用。《条例》具有很强的系统性和详细性，全文共 80 条，近万字，明确了调查评估、实施程序、监督管理等流程，具有很强的操作性。《条例》明确了编制规划的重要性。要求总体规划和城镇体系、农村建设规划、土地利用规划等规划的“多规合一”，明确规划之间要衔接配合。同时确立了资金筹集及使用办法，确定财政支持、社会募集、市场化援助等多种措施，明确了恢复重建基金由预算资金以及其他财政资金构成，基金管理办法由财政部制定。《条例》关注受援民众的法律救济，鼓励对受灾人员实行就业援助、技能培训，鼓励企业、事业单位优先吸纳被援助的民众就业。《条例》提供的借鉴意义，还包括在援助时，需尊重受援民众的意愿，发挥受援民众的主体性作用，政府在制定相关援助规划时，应当充分听取受援地区民众意见。

《长江三峡工程建设移民条例》和《汶川地震灾后恢复重建条例》是对我国对口援助制度的积极探索，为我国对口援助的规范化、法治化打下了基础，有必要从以下三点进行借鉴：一是对于跨省的援助事宜，应由国家层面立法，可以采取全国人大制定相关法律或国务院制定行政法规的形式。在立法前，可由地方政府在职权范围内探索协同立法。在国家立法后，地方如有必要可制定规范性文件细化实

---

① 《汶川地震灾后恢复重建条例》，国务院法制办公室编：《中华人民共和国法律法规全书(三卷本)：行政法卷(第二版)》，北京：中国法律出版社，2015 年，第 1635 页。

施办法，比如重庆市人大在《长江三峡工程建设移民条例》颁布后制定了《重庆市实施〈长江三峡工程建设移民条例〉办法》。二是在对口援疆立法中明确法律责任。两个条例都有罚则条款，《汶川地震灾后恢复重建条例》第8章专设责任条款，明确了6条罚则，对于截留、挪用援助资金、物资的行为、工程质量问题的责任单位和人员，处罚办法予以了非常详尽的规定，值得对口援助立法借鉴。在2014年制定的《南水北调工程供用水管理条例》中就借鉴了相关条款。① 需要指出的是，《民族区域自治法》由于缺失责任条款，法律执行打了折扣，虽然全国人大常委会定期到地方执法监督，但往往起不到约束地方的作用。当然，受制于时代的局限，两部行政法规也都有些瑕疵，比如两部条例在对口援助时，仅作出原则性规定，并没有细化相关责任主体及其义务和权利等，在未来的对口援疆立法中应予以明确。

第五节　对口援疆法治保障的路径选择

立法是立法主体创制、修改、废除法律的活动，立法涉及大面积社会利益的调整，必须慎之又慎。根据我国《立法法》，立法的基本原则是遵循宪法，依法、民主、科学立法。立法应当慎重，如果可以通过现有法律的修改或者通过法律解释来实现对口援疆的制度化，就没有必要专门制定相应的对口援助法律。因此，要从功能上对现行立法制度是否有效作出评价，需要弄清两方面问题：一是立法的功能是什么。二是现有的对口援助相关制度是否有制度缺陷，立法是否能够解决现有对口援助的制度问题。

---

① 《南水北调工程供用水管理条例》，2014年2月28日，http://www.gov.cn/zhengce/2014-02/28/content_2625853.htm，2016年5月11日。

一、对口援疆的立法原则

(一) 对口援疆立法的价值原则

权利保障原则。一是保障少数民族平等权和发展权等基础权利。二是保障民族自治地方自主权,民族自治地方自主权作为一项重要的国家权力,是专门为保障少数民族平等权而设置的,是实现民族平等和发展的前提保障,对于少数民族发展至关重要,对口援疆立法必须予以保障。

民主原则。民主立法原则应当贯彻在立法的各个环节上,在立法权的归属上,对口援疆立法权只能由人民直接行使或经由人民代表大会行使。在立法的内容上,必须充分体现民主原则,这就要求对口援疆立法不但要明确民主权利的内容,还要保障其实现的路径。对口援疆立法程序还必须贯彻民主原则,这要求立法必须公开,须交由民众讨论。

最大多数人最大利益原则。既要保障受援地区的利益,同时也要保障援助地区的合法利益,做到利益共享,同时向保障受援地区利益倾斜。尽管援助地和受援地的根本利益是一致的,但也有所不同。这就要求必须注意对少数民族和民族地区特殊利益的保护,与包括民族自治地方经济发展自主权在内的所有自主权相衔接,才能为受援地区提供更好的法律保障。

(二) 对口援疆立法的形式原则

位阶原则。对口援疆立法必须遵守法律效力等级,遵守《立法法》。国家层面制定的法律和行政法规、部门规章不能违反《宪法》和《民族区域自治法》。地方制定的法律和规章不能违反高位阶法律,不能违反《税收法》《预算法》等基本法律。

明确性原则。对口援疆立法应当尽量使用明确的，而不是模糊的原则性、抽象语言，有助于减少法律“可操作性”差的问题。一个时期以来，我国立法走过了一段“宜粗不宜细”的弯路，因此不得不用大量的规范性法律解释和配套法规来加以明确，以填补漏洞。明确性原则要求对口援疆立法应当清楚明确、规定具体清晰、操作性强。

协同原则。立法协同分为两种，一是部门法之间的协同，二是政策与法律的协同。前者指对于对口援疆，法律之间不应该互相冲突，也不应局限于单一的部门法的确定，而应是整个法律体系都在相关问题上作出调整，互相之间做好衔接，达到法律体系的和谐、有序。后者指政策和法律之间相互配合，法律出台的同时相应的配套政策要及时跟进，实现相互呼应，从而实现对口援疆效益的最大化。

责任原则。一个完整的法律规范包括假设、规范、后果。法律责任是法律规定的责任，是以强制为后盾的特殊社会责任，制裁、补救、强制是发达的法律责任不可或缺的要素，三者构成推进法律正常运转的动力。[①] 在法治社会中，只要启动了权力都必须预设其责任，建立起权力与责任相对应的制度。如果法律条文不能确定责任条款，既不能实施有效的救济，也不能对违反法律的人进行惩戒，这不符合法律现代化要求。建立和完善对口援疆相关法律的法律责任，既是法理学的需要，也是增强制约力的现实需要。

先行原则。根据《立法法》第 73 条第 2 款，对于地方立法确实有需求的，如果国家法律没有相关规定，在法律权限范围内，地方可先行制定相关地方性法规。[②]《立法法》第 13 条也规定，全国人大及其常委会可以就行政管理等领域事项授权地方调整或暂停适用法

① 周永坤：《法理学：全球视野》，北京：法律出版社，2016 年，第 228—232 页。

② 国务院法制办公室编：《中华人民共和国法律全书(第四版)》，北京：中国法律出版社，2016 年，第 1—84 页。

律。[1] 北京市作为首都，肩负着国家重点改革试验的重任，在全国人大授权的基础上，通过地方立法的形式在对口援疆制度建设方面先行先试，有助于为国家跨区域协作和对口援助立法积累经验，探索科学、有效的对口援助模式。

二、对口援疆的立法层次

纵观各国地方政府间关系立法，共性是制定具有较高位阶效力的法律，立法位阶太低会损害法律法规的权威性和稳定性。在立法层级上，应坚持中央立法为主导，同时鼓励各省、市、自治区人大根据上位法的相关规定，因地制宜制定对口援助相关促进条例，更有针对性地指导、促进省际对口援助。在中央立法层面，应坚持专门法律和嵌入式法律并行不悖。一是由全国人大制定对口援助法，将现有对口援助政策升级为法律，确定责权利、财力保障、援助方和受援方的权利责任、争议解决机制、退出机制。目前我国对口援助相关法律规定大多散见于不同的法律中，这导致法律缺乏系统性。二是制定政府间关系法或区域合作法，内设对口援助合作部分，充分考虑民族问题的特殊性，增加有关民族方面的条款。将对口援助的领导机构、合作形式、支援内容、支援方式、资金使用、绩效评估等作出原则性规定，使对口援助制度从政治任务转变为法律责任。三是在对财政预算法等法进行修改时，加入对口援助财力保障等相关规定。四是在《民族区域自治法》中完善对口援助相关条款，制定《民族区域自治法》配套法律。

在地方立法层面，应坚持援受双方分别立法。相对于中央立法而言，地方在某些领域行使立法权具有优势，成本较低且风险小。省

---

① 国务院法制办公室编：《中华人民共和国法律全书(第四版)》，北京：中国法律出版社，2016年，第1—83页。

际对口援疆地方立法理想的状态是地方联合立法。但由于我国宪法和法律并未有地方联合立法的规定，且需要重新调整中央和地方关系，现阶段实施联合立法的条件还不成熟。随着我国区域协作越来越多，区域联合立法是必然趋势，但需由全国人大授权，或由国务院先行出台促进区域协调发展的条例。在现有法律规定下，立法路径的现实选择是地方分别立法。即由北京市和新疆维吾尔自治区在立法协调的基础上，分别立法。一是由北京市人大制定北京市对口援助条例，规定援助地的权利和义务。增加有关民族方面的条款，涉及民族问题的法律，要充分考虑民族问题的特殊性。在立法内容上，包括资金保障、少数民族权益保障、区域利益协调、行政管理协调在内的一系列法律制度。二是新疆维吾尔自治区制定对口援助配套立法，明确受援地的权利和义务。目前，新疆维吾尔自治区成立了对口援疆办，并制定了对口援助相关办法，有待上升到法律层面。三是和田地区制定相关规范性文件。根据《立法法》，和田地区没有制定地方法律的权限，但可以制定规范性文件来完善相关制度。

援受双方政府也应建立立法协同机制：(1)北京市和新疆自治区的权力机关和行政机关要召开立法协作会议，就立法的内容、立法的原则、立法难题等进行沟通。(2)北京和新疆两地人大或政府在立法草案确定之后征求对方意见，并提交全国人大常委会、司法部依法进行审查备案，避免与国家法律及双方地方法律相抵触。(3)和田地区的人大和政府积极参与北京市、新疆自治区的相关会议，在达成共识的基础上制定规范性文件。(4)要通过制定行政协议的方法，进一步规范援受双方政府的权利、义务，明确依法决策机制、依法行政机制、争端解决机制、援助启动退出机制。

第三章 北京市对口援疆的资金法治保障

对口援疆需要资金的投入，充裕的资金保障是对口援疆的前提和基础。要实现北京市对口援疆的稳定增长，取决于对口援疆所需的财税体制的维系。但是现有法律体系中对口援疆的财税体系不协调、不一致、体系性不强等问题限制着对口援疆资金规模的扩大和持续增长。构建资金保障法治规范体系，理顺财税体系的关系，不断提高立法的科学化、民主化水平，才能为对口援疆资金保障提供有力的基本制度依循。本章试图通过对北京市援疆效果的实证分析，考察法律制度对援疆资金投入和使用的保障作用，进而初步构建北京市援疆中的资金保障法治规范体系。

第一节　北京市对口援疆的资金投入现状

一、援疆资金项目投入超额完成中央要求

2010 年 3 月，中共中央、国务院召开全国对口援助新疆工作会议，印发了《关于进一步加强和推进对口援助新疆工作的实施方案》，实施方案提出建立直接对口到县市和兵团团场的对口援助机制，并分档确定各支援省市每年对口援助资金量及逐年增长机制。2011

年北京市开始执行新的支援资金标准，援疆资金标准是全市 2009 年财政收入的 6‰，约为 12. 37 亿元，大大高于援藏的资金标准（援藏资金标准相当于援疆资金的 1/6），且实现每年在 12. 37 亿的基础上递增 8%，2010 年至 2015 年共投入资金 79. 9 亿元，援建项目 578 项，约占和田受援资金的 80%。其中，北京市财政资金 77. 4 亿元（计划外增加 4. 8 亿元），市本级财政支出约 40 多亿元，区县一级财政支出约 30 多亿元，社会各界捐资捐物合计 2. 5 亿元，超额完成中央下达的 2011 年至 2015 年五年支援资金 72. 6 亿元的要求。① 在"十三五"期间，北京市继续增加援疆资金投入，援疆资金总规模为 103. 5 亿元。其中，2016 年全年计划安排援疆资金 25 亿元②，是 2011 年援疆资金的两倍多。

表 3-1　截至 2014 年底北京市援建项目规模分布③

	项目数（个）	占比（%）
合计	481	100
1 亿以上	10	2. 1
5000 万—1 亿	19	4
4000 万—5000 万	15	3. 1
3000 万—4000 万	16	3. 3
2000 万—3000 万	29	6
1000 万—2000 万	57	11. 9
500 万—1000 万	53	11

---

① 魏晔玲、宋明晏：《跨越四千公里的大爱》，《前线》2016 年第 1 期，第 64 页。

② 张传武等：《今年援疆资金计划安排 25 亿元》，北京电视台《北京新闻》，2016 年 5 月 2 日. http://tv. cntv. cn/video/C10097/33e86c1cddd04cc4b3b39a7b25befbd8，2016 年 6 月 1 日。

③ 数据资料来源为《"十二五"期间北京对口援疆工作总结》。

（续表）

	项目数(个)	占比(%)
100万—500万	135	28.1
100万以下	147	30.6

二、各领域资金重点向民生倾斜

各领域援疆资金安排符合规划要求。按照北京市援疆五年综合规划和中央“全面支持、民生优先”的要求，“十二五”期间援疆资金重点支持城乡住房、社会事业、科技和产业、基础设施、基层组织、人才培训等七大领域建设。截至2014年底，城乡住房投资18.8亿元，占比28.7%；社会事业投资29.1亿元，占比44.3%；科技和产业投资9.1亿元，占比13.8%；基础设施投资3.9亿元，占比5.9%；人才培训投资3.5亿元，占比5.3%；基层组织建设投资近1亿元，占比1.4%；其他投资占比0.6%。援疆资金在各领域的分配结构与规划要求基本符合，其中社会事业、科技和产业已投援建资金分别高于规划资金分配比例3个百分点和0.75个百分点。

表3-2　“十二五”期间北京市各领域资金安排情况①

项目	2011—2013		2014—2015		2011—2015		
	项目数(个)	投资(万元)	项目数(个)	投资(万元)	项目数(个)	投资(万元)	分配比例(%)
合计	363	536443	146	192365	509	728808	100.00
1. 城乡住房	27	151741	12	78114	39	229856	31.54

① 数据资料来源为《“十二五”期间北京对口援疆工作总结》。

(续表)

项目	2011—2013		2014—2015		2011—2015		
	项目数（个）	投资（万元）	项目数（个）	投资（万元）	项目数（个）	投资（万元）	分配比例(%)
2. 社会事业	109	249622	41	51609	150	301231	41.33
3. 科技产业	76	64777	19	30366	95	95143	13.05
4. 基础设施	24	28735	10	20335	34	49070	6.73
5. 基层组织	18	7601	9	3000	27	10601	1.45
6. 人才培训	92	30644	47	7931	139	38575	5.29
7. 其他项目	17	3323	8	1010	25	4333	0.61

三、资金以受援地人口为基数统筹平衡

按照北京市援疆五年综合规划中期修订版，北京市“十二五”援疆资金中“一市三县”部分的5%由地区统筹，机动资金占3%，其余援疆资金以人口为基数进行综合统筹分配到“一市三县”和十四师。其中，和田市、和田县、墨玉县、洛浦县和十四师各自援建投资分别占19.4%、16.9%、33%、15.2%及7.9%。

从“一市三县”的援建资金安排来看，截至2014年底，和田市安排援建资金16亿元，超过五年规划目标13.6%，占全部援建资金的24.4%，高于规划安排5个百分点；洛浦县安排援建资金占五年规划目标的79.9%，高于总体进度，占前四年援建资金的13.4%，比15.2%的规划安排低1.8个百分点；墨玉县的进度相对滞后，前四年安排资金占五年规划目标的74.3%，占全部援建资金的27.0%，低于33%的规划安排。从资金拨付情况看，前四年已拨付到位资金占总安排援助资金的92.4%，占五年规划资金的83.7%。

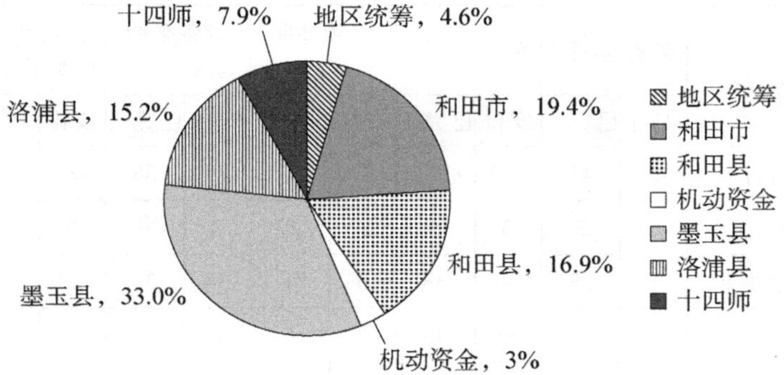

图 3－1　“十二五”期间北京市安排援助资金的区域分布

四、交钥匙、交支票和定额补助是主要资金使用方式

按照援疆项目管理和资金筹措方式，北京市援疆注重不同类别项目的差异性，实行分类管理，援疆项目主要采取了五大管理方式：一是交钥匙项目，支援方全额投资并负责建设，主要集中于硬件设施建设项目，且项目数量少投资规模大；二是交支票项目，以受援方为主负责建设，主要分布于社会事业领域及科技和产业领域的项目；三是定额补助项目，主要集中于城乡住房领域建设项目；四是设备采购项目，基本出现在社会事业领域；五是人员培训与专项工作。其中，交钥匙、交支票和定额补助为主要的投资管理方式。截至 2014 年底，在 471 个安排项目中，交支票和培训及专项的占比较高，均在 30％以上。安排的 65.8 亿元援建资金中，交钥匙、交支票、定额补助项目分别占比 36.9％、30.6％和 21.6％，是对口援助主要的投资管理方式。

表 3-3　2011 年至 2014 年北京市对口援助投资项目领域分布情况[①]

总计	交钥匙(个)		交支票(个)		定额补助(个)		设备采购(个)		人员培训和专项工作(个)	
	安排	已完工	安排	已完工	安排	已完工	安排	已完工	安排	已完工
合计	41	41	153	124	57	55	39	38	181	179
城乡住房	5	5	3	3	27	27	0	0	0	0
社会事业	25	25	49	38	5	4	34	33	27	27
科技、产业	6	6	55	43	7	6	0	0	26	25
基础设施	3	3	22	16	2	2	1	1	2	2
基层组织	0	0	21	21	2	2	2	2	0	0
培训项目	2	2	1	1	2	2	2	2	115	115
其他项目	0	0	2	2	12	12	0	0	11	10

第二节　北京市对口援疆资金保障的主要障碍

一、对口援疆资金增长主要障碍

(一) 对口援疆资金增长的制约因素及原因

对口援疆资金持续增长受到制约。在“十三五”期间，各省市援疆力度不减，但也均面临着很大的财政支出压力，这直接制约着对口援疆资金的增长。北京市“十三五”期间援疆资金为 103.5 亿元(“十二五”期间，援疆资金 79.9 亿元)，援疆资金增长了 29.5%。虽然北京市 2016 年完成一般公共预算收入 5081.3 亿元，但 2016 年一般公

① 数据资料来源为《“十二五”期间北京对口援疆工作总结》。

共预算支出达 6406.7 亿元[①]，财政自给率仅达 79.3%，为了实现收支平衡，2016 年发行地方政府债券 1166.4 亿元。[②] 北京市面临着落实首都"四个中心"战略定位任务、疏解非首都功能、通州副中心建设、治理"大城市病"、经济发展转型及民生保障等巨大财政支出压力，此外，北京市还承担着全国各省市中最重的对口援助任务，除援疆以外，北京市承担着援助西藏、青海和对口帮扶内蒙古、与沈阳对口合作和南水北调对口协作的任务。京津冀协同发展成为国家战略以后，北京市开始对河北省进行对口帮扶，2016 年 12 月，北京市政府与河北省政府签订全面深化京冀对口帮扶合作框架协议，按照协议，北京市"十三五"期间安排帮扶资金 35.68 亿元。[③] 可以说，"十三五"期间，北京市能实现援疆资金近三成的增长是很不易的。

此外，北京市援疆资金构成基本是财政资金，如何通过财政援疆资金撬动市场化资金，让援疆民间投资源源不断投往和田地区，目前并没有实质性的举措。一是没有充分利用北京的总部经济优势来充分动员民营企业、外资企业、国有企业及个人参与援疆。二是没有充分利用北京的金融优势来动员民间资本援疆。北京市作为"一行三会"和各大商业银行的所在地，有能力协调中央证券、银行、保险等机构扩大对和田地区的资金融通范围，虽然北京市的金融企业积极参与援疆，比如 2014 年北京银行与新疆自治区政府签署了协议，承诺在三年内融资 1000 亿元支持新疆重点企业和重点项目的协议，[④]但

① 北京市统计局、国家统计局北京市调查总队：《北京市 2016 年国民经济和社会发展统计公报》，2017 年 2 月 25 日，http://www.bjstats.gov.cn/tjsj/tjgb/ndgb/index.html，2017 年 2 月 28 日。

② 北京市财政局：《关于北京市 2016 年预算执行情况和 2017 年预算的报告》，《北京日报》2017 年 2 月 8 日，第 3 版。

③ 徐飞鹏：《未来四年本市将安排 35.68 亿元，助推受帮扶地区到 2020 年脱贫北京 13 区与河北 16 县（区）结对帮扶》，《北京日报》2016 年 12 月 22 日，第 1 版。

④ 姚彤、李行：《自治区人民政府与北京银行签署全面战略合作协议融资 1000 亿元支持新疆重点企业重点项目》，《新疆日报》2016 年 8 月 24 日，第 1 版。

在联络中央及民营证券、金融机构方面,北京市的协调动员作用还没有充分施展。

(二)对口援疆资金增长的府际关系考察

研究对口援疆离不开对府际关系的考察,而府际关系的实质在于利益分配。笔者从府际利益冲突入手,意在揭示对口援疆资金保障的深层次体制问题,为对口援疆资金法治保障提供依据。

央地财权事权冲突限制援助资金增长。对口援助需要强有力的财政支持。近年来,中央和各省市对口援疆的资金总量一直在增加,但同新疆受援地区实现跨越式发展、2020 年达到小康水平的需求相比仍显不足。中央地方税收冲突、央地财政事权和支出责任划分不清晰、横向转移支付缺失和社会资本投入不够等深层次制度问题交织,制约着援疆资金规模增长,这需要通过法律手段对相关权利、责任、利益予以规范。

分税制背景下的中央与地方财政收入冲突。一是央地职权划分不明晰产生的利益冲突。我国宪法和法律并未明确规定中央与地方政府职权的划分,仅在《宪法》第 3 条明确了"中央和地方的国家机构职权划分,遵循在中央的统一领导下,充分发挥地方的主动性、积极性的原则"①。我国采取的是"中央决策,地方贯彻"的中央集权模式,由于中央部门机构和人员的局限,不可能对地方管得太细,为了使政策得以贯彻,实际上采取了委托地方政府代理的方式,并通过督查和考核等方式来进行监督。但在现实中,特别是改革开放后,地方自主性不断扩大,并进一步追求本行政区域的利益最大化,在地方利益和国家整体利益发生冲突时,难免会存在"一亩三分地"的思维定式。比如北京市有时"自觉不自觉地对如何发挥首都优势促进北京

---

① 《中华人民共和国民族区域自治法》,国务院法制办公室编:《中华人民共和国法律全书(第四版)》,北京:中国法律出版社,2016 年,第 2 页。

发展考虑多了一点，而对如何更好地服从和服务于首都功能的特定要求考虑少了一些，思想深处确实有求增长的情结和舍不得的纠结”[①]。二是分税制直接影响了发达地区的财力，影响了发达地区支援少数民族地区的能力。《预算法》第15条规定，国家实行中央和地方分税制。1994年分税制改革后，中央和地方财政关系大幅调整，中央财力大幅增强，而发达地方财力则相对减弱，而欠发达地区由于获得了中央财政转移支付，财力有所加强。特别是“营改增”政策实施后，北京市地方财政收入一定程度上受到影响，2016年北京市营改增减税达641.4亿元[②]，但近年来北京市支出却增加明显，比如2016年全市一般公共预算收入同比增长7.5%，一般公共预算支出增长16.7%。[③] 疏解非首都功能、通州副中心建设、提升城市发展水平等刚性需要都使北京市财政面临着巨大的支出压力。

中央与地方的财权和事权不相匹配。财政事权是政府用财政保障基本公共服务的职能，支出责任是政府执行事权所承担的义务。理想的财政事权匹配，是能确保“有多少事，花多少钱”。然而，财政实力较强的中央政府担负的事权较少，像基本公共服务等一些应由中央政府承担的事务交给地方负责。一是中央财政收入支出比不合理。从中央支出占比看，2015年中央财政一般预算收入占全国比重的45.5%，而支出占比为14.5%(不含税收返还和转移支付)[④]二是援疆省市承担中央事权制约着援疆效率的提高。援疆省市的援助资

---

① 汤一元、徐飞鹏：《北京市委十一届七次全会召开》，北京日报2015年7月12日，第1版。

② 孙杰：《北京市财政收入首破五千亿元营改增全年减税641亿》，《北京日报》2017年1月6日，第3版。

③ 北京市财政局：《关于北京市2016年预算执行情况和2017年预算的报告》，《北京日报》2017年2月8日，第3版。

④ 财政部：《关于2015年中央和地方预算执行情况与2016年中央和地方预算草案的报告》，2016年3月5日，http://www.mof.gov.cn/zhengwuxinxi/201603/t20160306_1895173.htm，2016年11月2日。

金应重点用于促进受援地产业发展。但现实中，援疆省市的大部分资金用于基本公共服务，承担了基本公共服务事权。北京市大部分援疆资金投向基本公共服务等民生领域，占援疆资金总量的75.9%，使得产业援助投入较少，影响了受援地区自身发展能力快速增强。三是中央财政事权和支出责任划分缺乏法律依据，法治化、规范化程度不高。事权划分的模糊和财政支出范围划分混乱、随意性大，导致财政支出效益偏低，事权划分没有法律依据。

二、援疆资金使用的主要问题

援疆资金支出构成上不尽合理。按照中央要求，支援省市的援助资金要重点用于改善各族群众生产生活条件。[①] 对口援疆大部分资金用于基本公共服务，导致产业发展、人员培训等对新疆自我发展能力的投入不足，制约着援疆效率的提高。[②] 从制度上看，各省市对口援疆资金规模难以继续扩大和支出结构不合理主要有两个原因：一是中央与地方对口援疆的事权不清晰；二是中央与地方的财权和事权不相匹配。这都需要通过政府间财政关系的深化改革来解决。要解决这两个问题，需要厘清中央与地方的财政法律关系，进而实现在国家层面建立对口援疆资金来源的法治保障。

援疆项目建设也存在不足。一是部分项目建设标准超当地需求。北京市援疆项目注重打造精品工程，对受援地建筑业起到了引领示范作用，有利于受援地建筑管理水平整体提升，但也存在建设标准高，导致投资规模较大，建设成本高的问题。实际上，和田地区由于同东部发达地区差距较大，民众需求标准较低，比如北京市援建的

---

① 刘维涛：中共中央国务院召开新疆工作座谈会，《人民日报》2010 年 5 月 21 日，第 1 版。

② 马戎：《新疆对口援助项目实施情况的调查分析》，《中央民族大学学报》（哲学社会科学版）2014 年第 1 期，第 14 页。

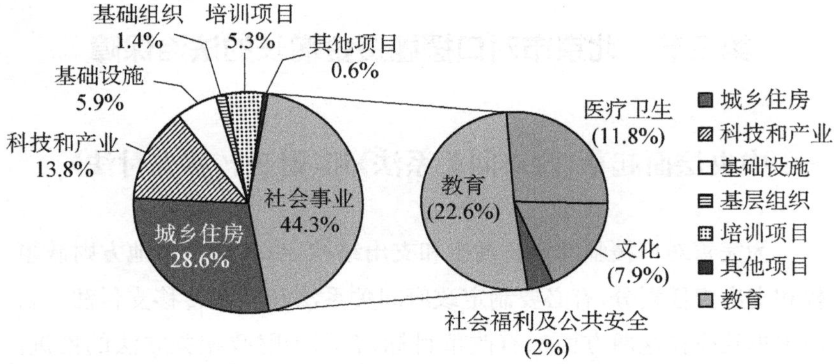

图 3-2　2010 年至 2015 年北京市已安排资金在各领域中的分配结构①

医院、文化设施场馆由于标准高，确保数十年不落后，但由于和田市配套设施建设难以跟上，影响了使用效率。二是不同程度地存在“重建设、轻管理”的现象。援建的硬件设施比较超前，导致援建的项目的维护运营成本和人才培训成本较高。三是北京市援建的部分项目注重“大而全”，注重高档次、高品位，存在惠及人群覆盖面较窄的现象，并未实现资金最大程度的合理利用。

援疆资金使用的评价及调整体系不尽完善。援疆资金使用效果到底好不好，需要科学合理的评估及调整机制。北京市制定了《援疆资金管理实施细则》《援疆交钥匙项目管理实施细则》《援疆交支票项目管理实施细则》《援建交钥匙项目招投标管理实施细则》等规章制度，由北京市财政和审计部门进行定期评估，但由于缺少第三方客观的评价机制，也缺少当地群众的评价参与机制，影响了援疆项目资金的使用效率。另一方面，绩效评价结果的运用缺乏刚性约束，仅有评价措施而没有整改的措施，资金使用绩效低并没有影响下一年度的拨款情况。

---

① 数据资料来源为《“十二五”期间北京对口援疆工作总结》。

第三节　北京市对口援疆资金增长的法治保障

一、中央层面起草《政府间关系法》和《财政转移支付法》

为完善对口援疆的资金规模和支出结构，明确中央与地方财政事权和支出责任划分，有必要制定政府间关系法和财政转移支付法。目前中央政府在这两方面都有改革目标，有利于财政相关立法的推进。2013 年 11 月《中共中央关于全面深化改革若干重大问题的决定》指出："财政是国家治理的基础和重要支柱，必须完善立法、明确事权，发挥中央和地方两个积极性。"同时还赋予财政新的职能——"促进社会公平和实现国家长治久安"①。可以说，援疆作为促进社会公平和边疆安全稳定的重大举措，充分体现了财政新职能的使命。2015 年 11 月《中共中央国务院关于打赢脱贫攻坚战的决定》第 18 条指出："中央财政继续加大对贫困地区的转移支付力度，中央财政专项扶贫资金规模实现较大幅度增长。"②这些政策都表明了现阶段援助南疆等地的资金规模不足以支撑其跨越式发展，进一步明确了中央要采取特殊财政政策大幅增加对南疆等地的资金投入。2016 年 8 月国务院印发《关于推进中央与地方财政事权和支出责任划分改革的指导意见》，在央地财政事权划分、中央与地方支出责任划分两方面明确要求推进改革，为央地政府间财政关系法治化建立了坚实的基础，并明确指出，适时修订法规，研究起草《政府间财政关系法》。笔者认为，深化财税体制改革与政府间财政关系法治化密不可分，推进相关改革，需要进行法律规范。

---

① 《中共中央关于全面深化改革若干重大问题的决定》，《人民日报》2013 年 11 月 16 日，第 2 版。

② 《中共中央国务院关于打赢脱贫攻坚战的决定》，《人民日报》2015 年 12 月 8 日，第 1 版。

第一，尽快制定政府间财政关系法，理顺央地财权和责任关系。要通过完善中央与地方财政事权划分，使“事权”与“财权”相匹配。(1)把对口援疆事项明确为中央和援疆省市共同事权。按事权的内容和程序细分国务院及援疆省市的责任，防止因为职责混淆引发矛盾。更多发挥中央在基本公共服务保障国家安全、民族团结、推动区域协调发展等方面的事权，侧重“保基本”，而援疆省市则主要负责产业发展、劳动力培训等直接促进当地经济内生发展的机制，侧重“促发展”。(2)把基本公共服务划为中央与新疆自治区共同事权。在政府间财政关系法中，要逐步将就业、义务教育、科技研发等体现中央战略意图、新疆具有本地管理便利化条件的基本公共服务确定为中央与新疆自治区共同财政事权，更多发挥中央在提供基本公共服务方面的作用，并明确各承担主体的职责。(3)建立中央财政事权与支出责任相匹配制度。在政府间财政关系法中，明确属于中央的财政事权，应当由中央财政全权负责。中央可以授权地方政府行使职责，并提供相应的专项资金。被授权的援疆省市在授权范围内，以中央单位的名义行使职权，并接受授权单位的监督。

第二，制定财政转移支付法，完善转移支付制度。加快财政转移支付立法是破解对口援疆资金限制的根本途径。财政转移支付法的主要组成结构应包括两个层次。(1)完善纵向转移支付。一是取消转移支付的地方配套资金。目前中央对新疆各扶贫开发县财政配套资金均由新疆自治区财政承担，加大了自治区本级财政负担。今后这种情况有望得到改变，在国务院的指导意见中，提出对于中央政府的财权由中央财政全权负责资金，不再要求地方提供配套资金，以减轻地方财政的压力[①]，这一规定在未来的财政转移支付法中应予以体现。二是规范一般性转移支付和专项转移支付。属于新疆的财政

① 新疆自治区财政厅：《新疆自治区财政厅关于对南疆四地州给予特殊扶持政策的请示》，2016 年 4 月 5 日，2016 年 11 月 2 日。

事权原则上由新疆通过自有财力安排，如财政资金紧张，可向中央申请一般性转移支付资金。对于不符合规定的专项转移支付应及时清理，能纳入一般性转移支付的应及时纳入。(2)明确横向转移支付制度。我国的财政转移支付目前只有纵向转移支付一种方式，从德国等国的经验看，应结合我国国情，适时制定省际间的横向转移支付制度。以对口援疆来说，如果能把发达省份的援疆资金用横向转移支付以法律的方式予以规范，无疑会使援疆资金的运用、规模的增长都能更加明晰化、规范化，也更利于资金的监管。

二、地方层面制定北京市对口援助财政转移支付法律

政府间横向财政转移支付是指不具有隶属关系、不同层级的辖区政府之间的财政转移支付。目前，我国并未建立地方政府间横向转移支付关系的法律规范。北京市作为首都，应在全国率先探索制定北京市对口援助条例，内设对口援助财政转移支付条款，将中央政府的政府命令转化为法律任务。这不仅有利于北京市援疆资金的投入和管理的规范化、制度化、合理化，有利于增强北京市对口援疆的动力，也对我国建立地方间横向财政法律关系起着示范作用。具体说来，北京市对口援助条例在横向财政转移支付方面应包括如下内容：

第一，建立援疆转移支付定期增长制度。援疆转移支付资金由两部分组成：一部分是北京市财政援疆资金，包括市级财政援疆资金和各区财政援疆资金，一部分是北京市援疆财政资金引导的民间投资。(1)对于财政援疆资金，应确定资金的基数和增长幅度。一是援疆资金的基数应在现有的基础上动态调整。2016 年北京市包括援疆、援藏在内的所有对口援助和帮扶资金为 34.8 亿元[①]，其中，援

① 北京市财政局：《关于北京市 2016 年预算执行情况和 2017 年预算的报告》，《北京日报》2017 年 2 月 8 日，第 3 版。

疆资金的投入为25亿元[1]，占对口援助帮扶资金的71.8%，占比已经相当高，但与北京市全年公共预算收入(5081亿元)[2]相比，占比仅0.5%，短时间内大幅度扩大北京市援疆规模基数不太现实，应在稳定基数的同时，以十年为周期调整基数，确保援疆资金占公共预算收入的比例达到0.7%—1%。二是援疆资金增长幅度应同北京市一般公共预算收入增长幅度一致，且不低于北京市城乡居民人均可支配性收入增长幅度。如北京市城乡居民人均可支配收入实际增长率超过公共预算收入增长率，则援疆资金增长幅度应与前者保持一致。三是北京市级财政对各区援疆财政的投入进行专项转移支付。如北京市援疆的各区财政公共预算收入增长率低于全市经济年度增长，北京市级财政应对区级财政进行相应的转移支付，以弥补区级援疆资金的不足。(2)对于援疆民间资金，应制定出台援疆基金管理办法，发挥财政资金"四两拨千斤"的作用，撬动更多社会资本进入和田。一是对基金规模和领域作出规定，北京援疆发展基金应以百亿元人民币为基准，基金领域可聚焦北京援助和田的产业发展重大项目、重大民生保障项目、科技成果转化与推广应用项目。二是对基金运作、子基金遴选、风险控制、监督管理等作出详细规定，鼓励支持金融机构和社会资本共同出资并参与基金的运营和管理，通过北京市财政出资设立一定额度的母基金，吸引投资机构、银行、民营资本提供配套资金，为和田地区经济发展提供长期融资解决方案、金融绿色通道。

第二，规范援疆财政资金的预算管理制度。2014年修订的《预

① 张传武等：《今年援疆资金计划安排25亿元》，北京电视台《北京新闻》，2016年5月2日，http://tv.cntv.cn/video/C10097/33e86c1cddd04cc4b3b39a7b25befbd8，2016年7月15日。

② 北京市统计局、国家统计局北京市调查总队：《北京市2016年国民经济和社会发展统计公报》，2017年2月25日，http://www.bjstats.gov.cn/tjsj/tjgb/ndgb/index.html，2017年2月28日。

算法》第4条规定“政府的全部收入和支出都应当纳入预算”①,按照全口径预算管理要求,所有援疆财政资金也要纳入财政预算管理,具体包括:一是确定援疆财政转移支付周期。预算年度规划要与三年滚动财政规划、援疆五年国民经济和社会发展规划衔接,平衡各年度预算情况,并对跨年度的项目根据实际完成情况实施阶段性评价,从而强化预算约束,提高预算的统筹能力,增强援疆资金使用的前瞻性和财政的可持续性。二是突出政策与预算相结合。充分考虑中央政府的援疆总体部署、北京市的支援重点和受援地区的发展需要,统筹规划期内的重点资金使用,并与受援地区的财政资金和国家转移支付资金协调,形成资金使用合力,提高资金配置效率。三是明确援疆的基本支出和项目支出,按北京市财政部分统一要求编制和调整。基本支出应包括援疆资金管理和使用,逐步完善财务内控制度,加强对援建项目资金的审核、管理,采用授权支付方式逐笔监管援建资金的支付。

第三,建立援疆转移支付资金科学分配机制。援疆转移支付资金分配应科学、合理,不仅要统筹考虑受援地的人口、产业、市场、社会发育状况、贫困程度,还要考虑水、大气等环境承载能力,要与当地的经济社会发展规划和城市规划等相衔接。在分配领域方面,除了继续支持城乡住房、社会事业、科技和产业、基础设施、基层组织、人员培训等项目建设,还要把就业、教育、人才等纳入重点工作,在支持城市建设外,把重心逐步移到农村;既要在工业化方面重点拨付资金,也要在城镇化建设、民族嵌入式社区建设方面统筹分配,从而更好发挥援疆资金提升产业、改善民生、促进团结的作用。

第四,优化援疆资金的绩效评价机制。科学的绩效评价制度有助提升援疆资金使用效果。援疆资金必须坚持“花钱问效,无效问

---

① 国务院法制办公室编:《中华人民共和国法律全书(第四版)》,北京:中国法律出版社,2016年,第4—17页。

责”原则，将有限的资金用在刀刃上，用最少的钱发挥最大的经济效益。一是对援疆的重点投资项目从立项、验收到绩效评估，实行全流程管理，援疆资金绩效评价体系可采用数据包络分析法和层次分析法。二是设置完整的评价指标和标注体系，指标要增加公众满意度调查，科学设置绩效评价指标。借助第三方中介组织，认真开展中期评估，对规划实施情况、实施效果进行分析评价，分析存在的问题，提出对策建议，为规划中期调整和修订提供依据。三是强化财政支出评价结果约束力，减少绩效低、管理差的项目，核减预算。同时完善规划监督检查和信息反馈机制，及时将规划任务完成情况向北京市对口援助与经济合作领导小组报告。四是确定绩效监督方式，通过引入第三方机构参与查访核验，提高公正性，并建立问责机制。对绩效评价结果公开，增加绩效评价的透明度，让社会大众有知情权。

第四章 北京市对口援疆的少数民族发展权益法治保障

民族关系的实质是经济关系，经济关系的关键就是民族经济利益。[①] 笔者认为，民族发展权是维护民族经济利益的核心权力，包括以下几个层次：一是民族地区经济发展权和经济自主权。二是少数民族就业权、受培训权等基本权益。如何使单纯的对口援助向维护民族发展权益转变，从而帮助受援地区发展经济、改善民生，由“输血型”援助转变为“造血型”援助。本章试图通过对北京市援疆效果的实证分析，考察援疆过程中法律制度对促进少数民族发展权益的规范作用，进而初步构建北京市援疆的民族权益法治保障体系。

第一节 北京市援疆促进受援地区经济社会发展的效果评估

北京市自 1996 年支援和田地区以来，特别是 2010 年新一轮对口援疆以来，发挥北京市的科技、产业、教育医疗优势，坚持“科学援疆、真情援疆、全面援疆”，在财力、物力、人力方面都给予了大规模的投入。据统计，2011 年至 2015 年，北京市援疆指挥部完成安居富民

① 刘永佶主编：《中国少数民族经济学》，北京：中国经济出版社，第 163 页。

工程15.7万户，棚户区改造住房39.1万平方米，80余万人住房条件得到根本性改善。新建、改扩建学校和幼儿园31所、医院9所，改造107所农村学校供暖设施，新建社会福利救助中心和养老院5所、文化设施9个，改扩建93个村委会用房。改造31.12万平方米棚户区、建设11.7万户安居富民工程，通过北京招商引资企业实现5000余人就业。[①] 援助优化了和田地区的经济结构，完善了基础设施，提高了受援民众生活水平，和田地区经济总量、财政收入、城乡居民人均收入都实现了较大幅度增长。

一、受援地区经济快速发展

（一）受援地区经济总量不断扩大

北京市支援地区经济发展速度迅速。2015年北京市对口援助的“一市三县”总人口150.81万，占和田地区的66.8%；国内生产总值135.79亿元，占全地区68.4%。2015年财政收支稳步增长，全年公共财政预算收入18.61亿元，比上年增长17.8%，占地区生产总值的比重为8.0%，与上年相比持平；其中，税收收入完成13.49亿元，增长16.4%，公共财政预算支出完成233.15亿元，增长23.8%。2011年至2014年，“一市三县”生产总值、全社会固定资产投资、城镇居民人均可支配收入年均增速分别达12.4%、31.51%、12.22%，比地区“十二五”规划目标分别高0.4、1.51、1.22个百分点。而“一市三县”生产总值、人均GDP、城镇居民人均可支配收入年均增速分别达14.36%、15.75%和14.8%，比和田地区分别高1.96、0.93和2.58个百分点。其中2014年十四师城镇居民家庭人均可支配收入25535元，比同年和田地区城镇居民人均可支配收入多近三成。[②]

---

① 刘燕：《北京市对口援疆写辉煌》，《和田日报》2015年6月5日，第1版。

② 和田地区统计局：《和田统计年鉴2015》，乌鲁木齐：新疆人民出版社。

2011 年至 2014 年北京援建投资共 65.8 亿元，占和田地区 2011 年至 2014 年全社会固定资产投资的 9.8%。“十二五”时期，和田地区固定资产投资增长迅速，北京市对口援助工作起到了重要推动作用。

表 4-1　“一市三县”及地区主要经济指标增长对比①

	一市三县 2011—2013 年年均增长(%)	地区 2011—2014 年年均增长(%)	地区“十一五”时期年均增长(%)	地区“十二五”规划年均增长(%)
地区生产总值	14.36	12.4	10.9	12
人均生产总值	15.75	14.82	9.5	10
全社会固定资产投资	25.25	31.51	27	30
地方公共财政预算收入	26.35	26.35	21.9	20
城镇居民人均可支配收入	14.8	12.22	11.7	11

表 4-2　2011 年至 2014 年北京援建完成投资占和田地区固定资产投资比例②

	“十二五”目标	2011 年	2012 年	2013 年	2014 年	总计
和田地区固定资产投资额(亿元)	≥260	117.3	145.93	192	215.90	671.1
和田地区固定资产投资额增长率(%)	≥26	48.46	24.41	31.57	21.6	

① 根据和田地区统计局《和田统计年鉴 2015》测算绘制。

② 根据和田地区统计局：《2015 年和田统计年鉴》和北京市援疆和田指挥部：《“十二五”期间北京对口援疆工作总结》测算绘制。

（续表）

	“十二五”目标	2011年	2012年	2013年	2014年	总计
北京援建投资（亿元）		22.85	22.40	7.94	12.62	65.8

（二）受援地区产业发展能力提升

“十二五”期间，和田地区与北京市密切协作，实施产业援助项目211个，累计完成投资16.5亿元，占三省市“十二五”援疆资金总量109.2亿元的15.11%。依托对口援助省市引进企业108家、引进项目101个，在和田已累计完成投资101.82亿元。[①]

和田地区产业结构进一步优化，通过产业援疆，和田地区三次产业结构由2010年的35.1∶16.9∶48调整为2015年的25.8∶16.7∶57.5，第一产业完成60.32亿元，第二产业完成39.05亿元，第三产业完成134.49亿元，工业增加值12.38亿元，是2010年的2.1倍。产业援疆项目带动新增就业123516人。[②] 农业种植业结构调整效果显著，薄皮核桃、和田大枣等有市场竞争力的特色种植业发展迅速，畜牧业进一步发展，旅游业逐渐成为国民经济的重要组成部分。

产业集聚能力明显增强。产业园区对于优化生产力布局，增强产业整体竞争力具有重要作用。北京市在北京和田市工业园区建设2万平方米标准化厂房，采用代建—移交—租赁—回购模式，这些标准化厂房已被全部租用，推动入园企业提前投产；通过北京经济技术开发区与北京和田工业园区签订结对帮扶合作协议，支持农业、工业

① 和田地区统计局：《和田统计年鉴2016》，乌鲁木齐：新疆人民出版社。

② 和田地区对口援助办：《“十二五”产业援疆成绩显著》，2016年8月15日，http://www.xjht.gov.cn/Article/ShowArticle.aspx?ArticleID=242902，2016年9月3日。

园区建设，为产业发展奠定了基础。此外，北京市还大力推进洛浦电子产业园、墨玉县家纺服装产业园、和田市纺织产业园、和田县金属制品产业园等园区标准化厂房及基础设施配套建设。

实施优势产业扶持工程。重点发展特色林果业、现代设施农业、特色畜牧养殖业，助推红枣、核桃加工、和田羊养殖、手工地毯、丝绸、维药等特色传统优势产业做大做强，支持旅游业发展，取得了良好的经济效益和社会效益。

特色农业发展迅速。(1)助力国家级农业科技园区建设，北京市积极帮助编制和田地区国家级农业科技园区建设方案，确定园区建设实施步骤、园区建设重点工作与项目。(2)高标准新温室大棚，和田地区绿洲只占区域总面积的 3.7%，人均耕地不足 1.3 亩，北京市针对当地光热资源优势，大力发展设施农业，累计建设标准化大棚 9000 余座，每个大棚年净收益达 1.5 万元左右。① (3)支持饲草基地建设，建设种羊、肉羊繁殖基地，“十二五”期间累计为农户建设牛羊等养殖圈舍 1000 余座。② (4)引进品种提升农业生产水平。一是从北京延庆引进甜玉米、糯玉米新品种在和田地区试种，二是将北京昌平的红颜、点雪、隋珠 3 个草莓品种在洛浦县北京农业科技示范园区试种。③ (5)提升农业专业队伍检验检测能力。北京市农业环境监测站与和田地区农业局签订协议，支持和田地区农产品质量安全检测人员培训。

建筑业水平不断提高。(1)援疆工程就地取材，带动市场发展。援建工程所采用的砂、石、砌块、混凝土等全部就地取材，水泥、钢材、装饰材料、机电设备等尽量就地就近采购。市场需求的急增拉动了

---

① 数据资料来源于为《“十二五”期间北京对口援疆工作总结》。

② 邓伟：《千里黄沙援疆路千辛万苦为和田》，《北京日报》2016 年 3 月 1 日，第 8 版。

③ 国家发改委地区经济司：《北京市多措并举推动农业援疆取得新实效》，2015 年 2 月 11 日，http://www. sdpc. gov. cn/fzgggz/dqjj/zhdt/201502/t20150211 _ 663967. html，2016 年 9 月 10 日。

建材产能的增长，带动流通市场发展，供求关系日趋平衡。(2)引进建材企业，优化供应结构。针对和田地区商品混凝土产能难以满足援建工程的问题，引进北京国有大型商品混凝土生产企业到和田建设，把北京企业的先进管理理念、生产技术带到和田。(3)打造精品工程，发挥示范效应。北京援建交钥匙工程已有1项获得新疆自治区天山杯奖，3项获得北京市结构长城杯金奖；[①]创建援建精品工程对受援地建筑业起到了引领示范作用，有利于受援地建筑管理水平整体提升。

产品科技含量不断提升。北京市援疆指挥部借助首都科技优势，支持发展设施农业和特色林果业，提升产品科技含量。(1)组织科研力量攻关。一是组织动员国内著名农科院所、农业高科技公司科技援疆。中国农业科学院蔬菜花卉研究所、北京农学院等十家著名科研院所、高校和企业来和田从事科技援疆。(2)聘请农业科技专家来和田分类、定点、定向培训和田地区农林专业人才、种植大户，重点讲授种植、管理、病虫害防治等方面专业知识，推动设施农业、红柳大芸等林果种植与加工业的发展，助推发展“一乡一品”“一村一品”。

招商引资富有成果。坚持每年举办北京和田招商引资推介会、北京知名企业和田行。通过多种渠道推动企业来和田投资，北京纺织控股、北京秋实农业等一批有实力的知名企业落户和田。引进北京农业龙头企业提高家禽品种优良率；引进北京仁创科技集团、北京燃气集团等40余家企业入驻和田，其中北京仁创科技集团是国内沙开发利用领军企业，拟在和田投资1亿元建砂产业基地，将形成高科技含量、高附加值的沙产业链。

① 北京市援疆和田指挥部编：《新一轮援疆我们共同走过》，北京：北京出版社，2012年，第26页。

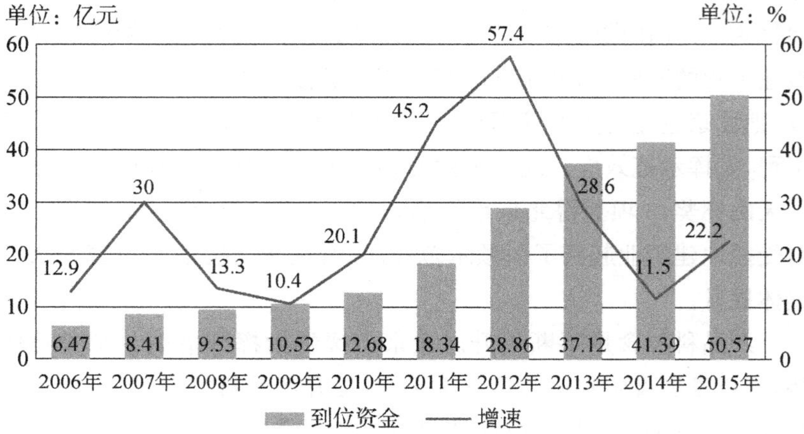

图 4－1　2006 年至 2015 年和田地区招商引资到位资金额及增速①

二、受援地区少数民族就业量质提升

北京市援疆注重就业优先。北京市从产业扶持、教育培训等方面入手，充分调动企业参与的积极性，确保就业援助真正在当地落地生根、产生效益。据不完全统计，2011—2014 年，北京招商引资企业共提供就业岗位 7200 个；北京市援建的社会事业类和基础设施类项目全部交付使用后，可提供全职岗位 8600 余个。② 城镇登记失业率从 2010 年的 3.2%逐步下降到 2015 年的 2.6%③，实现了规划目标。

---

① 和田地区统计局：《2015 年和田地区国民经济和社会发展统计公报》，2016 年 3 月 25 日，http://www.xjht.gov.cn/Article/ShowArticle.aspx?ArticleID=236546，2016 年 5 月 1 日。

② 数据资料来源为《"十二五"期间北京对口援疆工作总结》。

③ 和田地区统计局：《2015 年和田地区国民经济和社会发展统计公报》，2016 年 3 月 25 日，http://www.xjht.gov.cn/Article/ShowArticle.aspx?ArticleID=236546，2016 年 5 月 1 日。

此外，北京市援疆和田指挥部十分重视通过产业援疆促进农牧就业增收，比如，为农户建设设施农业大棚及牛羊等养殖圈舍，每个大棚可提供一个就业岗位。新建墨玉县、洛浦县职业高中实训基地，培训手工羊绒地毯设计和质检人员、服装制作技术工人，发放 1000 万元促进就业基金，支持企业新增就业 1000 余人。[①]

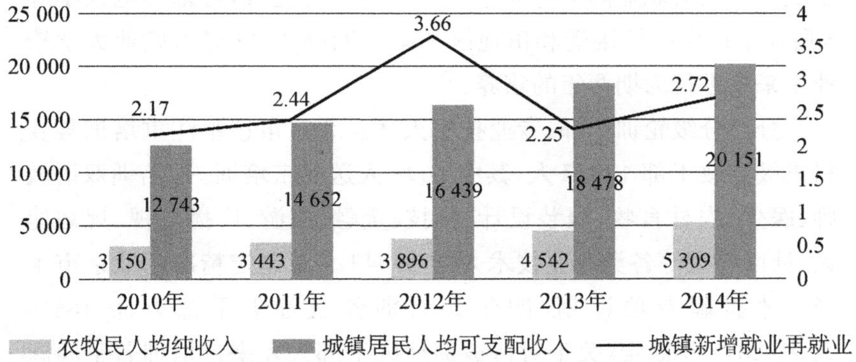

图 4－2　2010 年至 2014 年和田地区城镇新增就业及农牧民、城镇居民收入示意[②]

培育当地劳务队伍。援建工程注重搭建基层劳动就业平台，尽量多吸纳受援地当地劳务，主要采用了直接聘用加入作业班组、使用受援地成建制劳务企业的两种方法。使用和田当地劳务人员或专业劳务分包，一是增加受聘人员的经济收入，改善其物质生活；二是受聘人员边干边学，可得一技之长，提升再就业能力；三是北京援建企业的先进作业技术、成功管理经验在合作中无偿地传授给受援地劳务企业，有利于合作劳务企业提高综合实力；四是维汉工人一起工作生活，便于沟通交流，有利于相互理解、增进友谊；五是培育受援地劳务队伍，引导和支持用人企业在当地建立劳务培训基地，开展好订单定向培养。

① 北京市地方志编纂委员会办公室：《北京年鉴(2014)》，北京：北京年鉴杂志社，2014 年。
② 数据资料来源于 2010—2015 年和田地区统计公报。

选送和田籍未就业大学生进京培养。在援疆的19个省市中，率先落实新疆自治区未就业大学生培训就业计划，累计选送和田籍未就业大学生到北京市属高校培养，学成后补充当地急需的双语教师、医疗卫生、农业等转移技术人才队伍。仅2013年，就完成1126名和田地区未就业大学生培养任务。此外，多渠道支持安排7600万元资金支持墨玉县职业高中等4个职校实训基地建设，首都师范大学等8所北京市属院校接受和田地区和第十四师1529名未就业大学毕业生来京进行为期两年的培养。[①]

分类分级轮训干部、专业技术人才。北京市援疆注重培训县乡村三级党政干部12647人，其中6698人送北京培训。[②] 培训双语教师、医生、农林畜牧、服装设计、科技、金融、旅游、广播电视、规划建设、社区管理等各类专业技术人才19042名。制定精准的北京市干部人才援疆专项计划，四年共培训各级各类干部人才16516人。[③] 2011年制定《关于对口援助地区干部人才来京培训若干问题的意见》，提高了受援地干部来京培训的规范化、制度化水平。2016年分类、分批组织培训各类干部人才7380人。[④] 加大柔性人才引进力度，联合多方力量开展"首都专家和田行"活动，深化京和两地人才资源共享和智力支援合作长效机制。

三、受援地区基本公共服务水平显著提高

自2010年北京市开展大规模援疆以来，和田地区基本公共服务能力和水平明显提升。教育基础不断稳固，中小学办学条件不断完

① 北京市地方志编纂委员会办公室：《北京年鉴(2014)》，北京：北京年鉴，2014年。
② 北京市地方志编纂委员会办公室：《北京年鉴(2015)》，北京：北京年鉴，2015年。
③ 刘燕：《北京市对口援疆写辉煌》，《和田日报》2015年6月5日，第1版。
④ 张勇：《今年北京市投入援疆资金39.34亿元，援建项目278个》，《和田日报》2017年1月6日，第1版。

善，幼儿入园率达到95%以上，九年义务教育巩固率达到97%，高中阶段入学率达到89%。医疗卫生服务体系不断健全，地、县、乡、村四级医疗服务网络基本建成，地区有两所三甲医院和10所二甲医院。广播、电视人口覆盖率分别达到99.1%和98.9%。2015年时任和田地委书记闫国灿说："2010年到2015年是和田历史上发展最好、综合实力增速最快、民生改善投入最多、城乡面貌变化最大的时期之一。"①

（一）受援地区城乡基础设施建设明显改善

群众生产生活条件得到改善。5年共投入3.05亿元改善城乡基础设施，受援地城乡居民的生产生活条件明显改善，生活品质显著提升。新建、改扩建城镇水厂4个，改造供水管网9万余米；实施农村安全饮水工程，5.4万人喝上放心水。新建道路35公里。为乡镇建设生活垃圾处理设施，10万余群众受益。实施农村天然气入户工程，3500余农民用上洁净的天然气。② 2016年洛浦县利用北京市对口援助资金766万元治理排碱渠，提高灌区排水效率，有效解决洛浦镇、杭桂乡、多鲁乡计8.6万亩的农田排水、排渍及农田次生盐碱化的问题。③

表4-3　"一市二县"市政公共事业及农田水利基础设施基本情况④

地区 \ 指标		供水管道长度（千米）	天然气管道长度（千米）	生活垃圾处理率（%）	污水处理率（%）
和田市	2010年	214	159	85	80
	2014年	237	451	91	85

① 韩秋磊、穆特力甫：《中共和田地委扩大会议隆重召开》，2015年12月29日，http://www.btdsss.gov.cn/c/2015-12-29/515342.shtml，2016年5月6日。

② 数据资料来源为《"十三五"时期北京市对口援疆综合规划》。

③ 杨先江：《洛浦争取援助资金治理排碱渠》，《和田日报》2016年8月23日，第2版。

④ 根据北京市统计局《和田地区市统计年鉴2015》测算绘制。

（续表）

地区 \ 指标		供水管道长度（千米）	天然气管道长度（千米）	生活垃圾处理率（%）	污水处理率（%）
墨玉县	2010 年	93	47	79	未有数据
	2014 年	97	57	58	未有数据
洛浦县	2010 年	96	42	68	44
	2014 年	96	42	77	47

表 4-4　和田地区节水灌溉面积（单位：千公顷）①

	和田地区	和田市	和田县	墨玉县	洛浦县
2010 年	102	8	11	29	9
2014 年	129	9	17	32	15

（二）受援地区群众居住条件显著改善

城乡住房建设是切实改善民生的首要工作，2011 年至 2014 年，北京市援疆优先推进城乡住房建设。全面完成 15.69 万户安居富民、定居兴牧任务，新建城市棚户区改造住房 39.06 万平方米，80 余万人住房条件得到根本性改善。已建城乡抗震安居房数量共 180237 万户；其中和田县先后开工实施廉租房 6004 套，安居富民工程累计建成 33500 套安居富民房。②

农村居住条件不断改善。按照“面积不落后、功能不落后、质量不落后”的原则，推进和田地区“一市三县”农村地区农牧民和兵团农十四师职工的富民安居工程。根据“宽敞实用、功能配套”的原则，对已建房户因面积不足的进行补建，对农村抗震安居房只有 30 平方米

① 根据北京市统计局《北京市统计年鉴 2015》测算绘制。
② 数据资料来源为《“十三五”时期北京市对口援疆综合规划》。

至50平方米的补建到80平方米，确保面积不落后；在尊重农民意愿基础上，将扩建后的安居房合理划分为客厅、卧室，配套厨房和卫生间，并进行通电、通水、通路、通气和排污建设等七项功能完善，确保功能不落后。

表4-5　2011—2014年“一市三县”城乡住房建设分类别投资情况①

	总投资（亿元）	资金来源（亿元）		完成投资（亿元）	累计已拨付资金（亿元）	项目平均资金规模（元/个）
		北京投资	其他投资			
合计	85.79	18.83	66.95	18.76	18.37	5381.3
农村安居富民工程	77.28	11.70	65.58	11.70	11.67	7311.8
游牧民定居工程	1.37	0.18	1.19	0.18	0.17	177
城市棚户区改造	7.14	6.95	0.18	6.88	6.53	7732.1

城镇居民居住水平不断提高。北京市援疆和田指挥部实施城镇棚户区改造工程，坚持“统一规划、成片开发、统筹推进”的原则，加快推进和田地区“一市三县”城镇和兵团农十四师团场棚户区改造，建设具有现代化服务和管理功能的城镇居住社区。项目实施改善了城乡居住条件和生产生活环境，促进了城乡面貌明显改观，有力推进了城镇化进程。在棚户区改造进程中，注重落实兵团城镇化发展战略，把皮山农场和四十七团的棚户区改造与小城镇建设结合起来，集中供排水、集中供热，配建幼儿园和相关商业设施，尽可能完善小城镇基础设施配套和基本公共服务，提升居住品质。

① 《北京市“十三五”时期对口援助新疆和田地区综合规划》。

（三）受援地区教育事业发展水平大幅提升

各类学校办学条件显著改善。“十二五”期间，北京市安排援助资金7.4亿元新建改扩建高中9所，安排援助资金4.3亿元新建改扩建初中、小学、幼儿园和职业技术学校21所，从根本上解决了和田地区普通高中学校短缺的问题，现阶段教育硬件设施短缺问题得到初步解决。①

双语教育师资力量不断提升。通过安排幼儿园、中小学双语教师和骨干教师培训，“双语”教育覆盖面继续扩大，累计培训了幼儿园、中小学双语教师和骨干教师5100多名；在京培训的60名维吾尔族教师，汉语水平超过新疆维吾尔族自治区对民族教师8级汉语水平要求。和田地区学前和中小学双语教育覆盖率分别达到95％和50.89％，②明显提升了受援地教师双语水平和教学能力，实现了北京教育援疆向软件拓展提升，扩大受益人群。

校际交流合作形式不断丰富。新一轮援疆以来，北京市与和田当地多所学校、幼儿结成了对子，使受援地也能享受到北京的优质教育资源。选送千余名中小学生赴京参加“热爱祖国感受北京”夏令营活动，取得了良好的社会反响。组织数百名新疆籍内地高中班同学与汉族同学“结对子”，走进同学家庭，推动“京和一家亲”。选派百余名教学专家和一线骨干教师来和田进行为期一个月的短期培训，进行传帮带，建立了教育援疆的长效机制。

① 邓伟：《千里黄沙援疆路千辛万苦为和田》，《北京日报》2016年3月1日，第8版。

② 《北京市“十三五”时期对口援助新疆和田地区综合规划》。

表 4-6 "十二五"期间和田地区教育资源情况①

教育资源 \ 指标		和田市		和田县		墨玉县		洛浦县	
		2010 年	2014 年	2010 年	2014 年	2010 年	2014 年	2010 年	2014 年
学校（所）	幼儿园	28	52	27	60	32	160	22	37
	小学	80	80	114	107	172	171	99	98
	中学	15	18	22	26	25	27	18	19
专任教师（名）	幼儿园	128	481	无数据	370	65	960	19	323
	小学	1707	2006	1626	1171	3124	3058	1188	1503
	中学	1289	1675	1305	1606	2385	2673	1183	1439
校舍面积（平方米）	幼儿园	30499	56445	24025	53845	35808	140786	24779	40765
	小学	119854	168185	121323	128832	203839	259725	78443	106664
	中学	84109	205279	92638	239542	140317	296007	83174	158075

（四）受援地区医疗卫生服务质量有效提升

医疗资源供给能力明显增加。针对和田地区就医难的问题，北京市组织开展专家义诊巡诊活动，推动市属医院"点对点"帮扶；开展远程医疗，提升受援地群众医疗服务水平。提升公共卫生服务水平，医疗援疆成效显著。五年投入 8.73 亿元，高标准新建、改扩建 7 所市县人民医院，对 12 所乡镇卫生院实施供暖设施改造，为 17 个医院、妇幼保健院配备医疗设施，县市级医院硬件设施基本满足现阶段需求。培训骨干医生、基层医务人员和医院管理人员 4348 名，业务能力得到明显提升。开展妇女"两癌筛查"、婚前检查，29 万人受益。实施白内障复明工程、贫困家庭儿童先天性心脏病治愈项目等系列

① 根据北京市统计局《北京市统计年鉴 2015》测算绘制。

北京品牌医疗服务。高水平建设一批社会福利工程，新建和田社会福利和救助中心，县市、团场养老院，新增救助和养老床位756个。①

医院专业水平不断提升。“十二五”期间累计选送145名具有中高级技术职称的骨干医生到北京各大医院进行为期三个月的“一对一”导师制培养，提升受援地骨干医生的业务水平和能力。累计选派近200名优秀援疆医生来到受援地医院担任分管业务的副院长和科室主任，边诊治患者边指导当地医生，在地区人民医院和洛浦、墨玉县人民医院组建了群众急需、填补和田空白的泌尿外科、新生儿科、血液科等专业科室，提升医院的整体水平。据不完全统计，北京来和援疆医生已累计门诊3.9万例次，手术近6200例次，援疆医生深受患者的信赖和欢迎。②

表4-7　2010年、2014年和田受援助地区卫生水平③

地区＼指标		卫生机构（个）	床位（个）	人员数（个）
和田地区	2010年	297	10003	8137
	2014年	1739	12757	13740
和田市	2010年	99	2914	3186
	2014年	178	3984	4445
和田县	2010年	28	932	678
	2014年	247	1314	1383
墨玉县	2010年	36	2465	1460
	2014年	402	2626	2599
洛浦县	2010年	29	999	596
	2014年	285	1172	1300

① 《北京市“十三五”时期对口援助新疆和田地区综合规划》。

② 邓伟：《千里黄沙援疆路千辛万苦为和田》，《北京日报》2016年3月1日，第8版。

③ 根据北京市统计局《北京市统计年鉴2015》测算绘制。

（五）受援地区民族传统文化传承弘扬

发挥“全国文化中心”优势进行文化援疆。和田地区是中西方文化交流的重要地区，文化历史资源丰富，和田地区的木卡姆是维吾尔族的文化史诗，是世界级非物质文化遗产。维吾尔歌舞文化特色鲜明，南北朝时“于阗乐舞”就风靡中原；和田地区少数民族更是中西文化交流的重要使者，我国种桑养蚕技术和四大发明经过和田地区传到西方，维吾尔族桑皮纸制作技艺、艾德莱斯丝绸纺织技艺这些历史遗存一直传承至今，是中西方文化交流的历史见证。保护传承好这些文化资源，对于增强和田地区民众的中华文化认同感具有重要意义。北京援疆注重发挥“全国文化中心”优势，通过打造和田地区文化产业，提升文化软硬件水平，编排舞蹈剧目等方式，加强和田地区文化与内地文化的交流互鉴。

文化体育设施不断健全。2010 年至 2015 年，北京市新建和田文化中心（包括博物馆、文化馆、图书馆和影剧院），墨玉县、洛浦县文体中心，支持墨玉县、洛浦县共 11 处文物古迹、非物质文化遗产保护和修缮。援助建设和田影剧院总建筑面积 1 万余平方米，可容纳近千名观众，是和田地区规模最大的剧场建筑，可向国内外艺术团体提供具备优良视听条件、技术先进、设备完善、功能齐全的现代化演出场所。①

广播电视事业蓬勃发展。一是实施数字电视无线传输全覆盖工程和乡镇（街道）、村（社区）数字影院全覆盖工程，同时选派北京市专家赴和田培训广播电视专业技术人员。2013 年以来，北京电视台就与和田电视台开展了对口业务合作，和田地区广播电影电视局先后有 70 多名技术骨干赴北京学习培训，北京广播电视台先后派 25 名专家培训和田地区多名业务人员，并实施“百步优秀影视剧落千村进

① 陈晨：《北京文化援疆滋润和田》，《新疆日报》2015 年 5 月 21 日，第 10 版。

万家”工程。[①] 二是建设维语节目译制中心，丰富维语片源，每年可译制维语节目上千集。三是推动优秀剧目来和田演出，国家大剧院《冰山上的来客》赴和田演出让和田百姓第一次欣赏到大型歌舞剧。

文化产业初具规模。和田地区拥有丰富的文化资源，但由于缺乏产业支持和国际化的设计理念，未能形成有影响力的文化产业。一方面，北京市扶持和引导和田地区的文化产业，帮助其设计适应市场销售的文化产品。比如帮助录制的大型电视纪录片《走进和田》获全国精神文明建设“五个一”工程奖，[②]描绘了和田地区在古代丝绸之路的地位和各民族文化交融的历史。北京市还通过文化产业博览会等平台推介和田文化产业，传播和田文化。北京国际文化创意产业博览会是全国最大的文化产业交易博览会，每年的文博会上都会专设新疆展厅，签约的领域涉及新疆歌舞、影视剧、动漫产品、工艺美术、非物质文化遗产等。[③]

表 4－8 “十二五”期间北京市援助和田地区文化建设情况[④]

场所	指标	单位	和田县		墨玉县		洛浦县	
			2010 年	2014 年	2010 年	2014 年	2010 年	2014 年
艺术场馆	剧团数	个	1	—	1	—	1	—
	演出场次	次	180	—	170	—	130	—
公共图书馆	机构数	个	0	1	1	1	1	1
	总藏量	册	0	17275	65000	29600	47500	46000

① 张勇：《北京专家来和传授电视录制技术》，《和田日报》2016 年 11 月 1 日，第 3 版。

② 《新疆荣获“五个一工程”七项大奖》，《新疆日报》2014 年 9 月 18 日，第 6 版。

③ 李菡：《新疆展团亮相第十届北京文博会四大板块展示“丝路核心活力新疆”》，《新疆日报》2015 年 10 月 30 日，第 7 版。

④ 根据北京市统计局《北京市统计年鉴 2015》测算绘制。

（续表）

场所	指标	单位	和田县		墨玉县		洛浦县	
			2010 年	2014 年	2010 年	2014 年	2010 年	2014 年
群众艺术馆	机构数	个	1	1	1	1	1	1
	举办班次	次	8	18	3	3	4	4
	房屋面积	平米	1660	1660	400	2000	562	700
广播电视	有线广播电视	户数	122	—	4128	3378	4332	4570

第二节　北京市对口援疆中的民族地区经济发展障碍

一、对口援疆促进地区经济发展的不足和制约

援疆项目本身前期条件不足、援建初期任务集中上马影响项目推进。受援方普遍缺乏城镇建设规划，对城市空间布局缺乏科学、合理的安排，援建项目选址缺乏规划依据，科学性论证不够充分，项目实施过程中随意变更项目建设地址，影响项目进度。而援建初期，北京、天津等援疆单位援建项目大量集中上马，由于地区资源禀赋不足限制，产生了阶段性的地方劳务和建材短缺、建材供应物流成本高，推高援建项目建设成本，增加项目成本控制的难度。

援疆投资存在“重城市轻农村”现象。北京市投资区域分布以市、县城区为重点。截至 2014 年底，在安排的 65.8 亿元投资中，分布在市、县城区的项目投资约为 49.4 亿元，占到了总投资 75％；分布在乡镇区域的项目投资约为 2.3 亿元，只占到总投资的 3.5％；分布在农牧山区和村庄的项目投资约为 5.8 亿元，占总投资的

8.8%。[①] 当然，由于和田地区工业基础薄弱，援疆前期为了快速提高产业发展水平，在城市布局重点项目也无可厚非，但随着援疆的进展，北京市援疆项目选择的重心应逐步转向广大乡镇和农村。

表 4-9　2011 年至 2014 年受援地援疆项目地区分布情况

	项目数		安排资金		项目平均资金规模（元/个）
	数量（个）	占比（%）	金额（万元）	占比（%）	
合计	471	100	658118	100	1397.3
地区	180	38.2	83503	12.7	463.9
市、县城区	223	47.3	493679.9	75.0	2213.8
乡镇	32	6.8	23282.4	3.5	727.6
农牧山区村庄	36	7.7	57652.8	8.8	1601.5

“京和两地”产业结构差异大，援疆产业带动能力不强。产业扶持和促进就业难度大。目前北京市已实现产业升级，大部分企业科技含量较高，对劳动力素质以及运营管理水平有一定要求；而和田地区产业发展层级低，与北京市存在一定结构差异。受援方目前仍然以第一产业为主，前期规划、基础设施、配套设备都难以跟上，科技和管理人才紧缺，要实现与北京市援和企业对接有一定难度，制约了援和京企向和田转移落地。受制于受援方地理位置、自然气候条件、水土资源和人才匮乏等因素制约，发展产业的难度很大。

受援地自身条件制约援疆进度。（1）受援地城镇基础设施薄弱、运营经费不足制约项目建设和使用。和田地区地方财力有限，建设项目征地拆迁迟缓，且长期以来城镇道路、供电、供水、供暖、通信等城镇基础设施建设严重滞后，援建项目红线外市政配套设施难以满

① 数据资料来源于《“十二五”期间北京对口援疆工作总结》。

足项目施工要求，影响项目按期实施，少数项目竣工后由于市政配套问题不能够及时验收交用，难以尽早发挥援建项目的经济和社会效益。此外，部分交付使用的基本公共服务项目，存在运行费用不足、维护管理不到位等情况，影响项目效益发挥；水、电、燃气等基础设施建设滞后，也影响居民生活品质提升。

受援地建设、管理水平较为薄弱。2011—2014 年北京援和安排项目的开工和完工率都高达 100%和 91.7%，但是竣工验收率偏低仅为 60.1%；同时，“交支票”项目完工率 81%，远低于“交钥匙”“定额补助”96%以上的完工率，[①]这不仅与地方建设能力较弱、施工效率较低、市政配套能力跟不上有关，也与受援地长期的项目管理工作不规范、对施工方监管缺失有关。

受援地专业技术人才短缺。和田地区由于地处偏远，基础设施条件差，经济发展水平低，难以吸引市场化的人才留在当地。受制于地理条件和发展水平，和田地区难以吸引疆外人才。此外，和田地区安全形势复杂多变，制约了外地高素质劳务人员的进入，影响项目推进进度和效果。

二、对口援疆促进民族地区经济发展的法治障碍

发达地区援助权和民族地区自治权的冲突。北京等援疆省市在援疆过程中自动形成了“援助权”。《宪法》第 122 条规定：“国家从财政、物资、技术等方面帮助各少数民族加速发展经济建设和文化建设事业。”[②]这里的帮助即是“援助权”，《民族区域自治法》涉及帮助的概念共有多处，比如第 55 条规定：“上级国家机关应当帮助各民族自

① 数据资料来源于《“十二五”期间北京对口援疆工作总结》。

② 《中华人民共和国宪法》，国务院法制办公室编：《中华人民共和国法律全书(第四版)》，北京：中国法律出版社，2016 年，第 10 页。

治地方加速发展经济、卫生等事业。"第 64 条规定，上级国家机关应当组织经济发达地区进行对口援助。在援疆过程中，援疆省份也按照法律行使着"援助权"，即帮助少数民族地区政府发展经济事业。民族地区经济发展自主权是民族自治地方自治权的核心，《民族区域自治法》第 25 条规定："民族自治地方的自治机关在国家计划的指导下，根据本地方的特点和需要，制定经济建设的方针、政策和计划，自主地安排和管理地方性的经济建设事业。"①如何让援疆省份既能充分行使援助权，又能让少数民族地区自治地方保障经济发展自主权，是个不可回避的问题。一般情况下，两者都是为了促进民族地区经济发展，并不矛盾。但在具体实施中，有时难免会在理念或者发展思路上有冲突，作为援助方的政府，往往有着技术优势和资金掌控权，发展理念也较为先进，所以对项目和资金使用方面有自己的考虑，但当这种冲突影响到新疆受援地区经济自治权行使的时候，就需要法治的规范制约。

行政区法律与区域经济流动性之间的矛盾。我国地方政府属于典型的行政区经济。有学者认为，行政区经济是指由于行政功能区划对区域经济的刚性约束而产生的现象。② 我国现有法律明确了地方政府以行政区划为依托，经济管辖范围、公共资源分配，税收的征收与分配等经济行为都与行政区划息息相关。行政区经济的特点是封闭性，设置行政壁垒，阻碍了资本、技术、人才等生产要素自由流动。如果要改善区域经济流动，就势必要进行法律调整，解决行政区管理体制与区域经济流动性之间的矛盾。行政区经济制造了一个矛盾：地方政府作为政治人和经济人之间的矛盾。政治人属性由政府所处的政治体系中的特殊身份决定，北京作为首都，无疑具有政治利

---

① 宋才发：《民族区域自治制度重大问题研究》，北京：人民出版社，2008 年，第 153 页。

② 刘君德：《关于中国行政区经济理论的核心要义与新的认知：兼论行政区划改革》，刘君德、林拓主编，第 100 页。

益，但如果没有边疆的安全稳定环境，亦不能独善其身；作为“经济人”的北京市需要对北京市民负责，为其提供公共产品和服务，又必然带有扩展经济利益的动力，这两种利益在无偿对口援疆时发生了冲突。

第三节　对口援疆在增进少数民族经济权益时的障碍

一、对口援疆增进少数民族经济权益的主要问题

人力资本是贫困地区经济内生式发展的保障。美国经济学家西奥多·舒尔茨认为，传统的经济理论认为经济必须依赖于物质资本和劳动力数量的增加已不符合现状，对于经济来说，知识、能力、健康等人力资本的提高，对经济增长的贡献远比物质资本、劳动力数量的增加重要。

北京市援疆产业就业投入比例较低。就业是民生之本，直接影响着少数民族经济利益的实现。北京市虽然把就业放在重要位置，但投入资金比例并不高，投资平均规模也较为有限。目前，北京市援疆项目资金主要集中于保障房、学校、医院等民生建设领域，导致产业援助和人力资本援助投入较低。“十二五”期间，相比占援建资金份额达 44.3%的社会事业项目，北京对口援助产业和就业领域援建投入仅占 13.8%，比例偏低，产业和就业援助力度不够，难以更好推动实现受援地培育产业，发挥北京产业和智力优势，激发当地产业升级带动就业。

产业发展水平带动就业不够。和田地区是典型的以农业为主的贫困地区，北京市援疆以来，虽然产业发展有了一定进步，但仍旧未改变工业化水平低的现状，未能提供充足的就业岗位，2015 年和田地区第二产业就业仅占就业总数的 8.9%，其中工业仅占 2.8%，就

业容量较大的第三产业就业占就业总数也仅为22.8%，全地区目前仍有58.3万农村富余劳动力沉淀农村。

劳动力培训投入有限。人力资源不足影响了建成项目管理、运营的使用效率。北京市援疆在人员培训与专项工作的项目数量虽然很多，投资平均规模却是几种项目类型中最小的。2011—2014年共安排了181个此类项目，安排援助资金3.4亿元，项目平均投资规模为189.2万元，其中投资金额2000万以上项目2个。2011年人员培训与专项工作项目安排较多，此后安排规模和数量一直处于较低水平。2015年安排39个人员培训与专项工作项目，援助资金3955万元，无千万元以上项目。

二、对口援疆促进少数民族经济权益发展时的法治障碍

（一）北京市援疆保障少数民族自我发展权益中的不足

少数民族经济权益是《宪法》保障的基本权利，《宪法》第4条规定“中华人民共和国各民族一律平等，国家保障各少数民族的合法的权利和利益”，明确了少数民族享有合法的经济权益。从字面意义上理解，少数民族首先应具备经济平等权，其次应具备《宪法》所赋予中华人民共和国公民所有的基本经济权利：财产权、社会保障权、劳动权、受教育权等。有学者认为，少数民族经济权益是指统一的多民族国家依照法定形式确认和保障的，少数民族在特定的经济利益关系中享有的权利总和。① 有学者认为，少数民族经济权益的关键是保障利益，少数民族经济利益是指对少数民族生存和发展起积极作用的利益。②

① 熊文钊：《民族法学（第二版）》，北京：北京大学出版社，2016年，第238页。

② 雷振扬：《少数民族经济利益探析》，《中南民族大学学报（人文社会科学版）》第23卷第4期，2003年7月，第7页。

笔者认为,少数民族经济权益既是集体权利又是个人权利,包括两类:一类是基于公平正义价值的少数民族经济平等权、最低生活保障权,另一类是由就业权和培训权等组成的自我发展权,根据《宪法》和《民族区域自治法》,经济平等权由国家层面法律进行保障,最低生活保障权由国家和居民所属地政府通过法律保障。北京市在对口援疆过程中,按照中央政府"民生优先"为主的要求,把重点放在安居建设等基本公共服务保障领域,而一定程度上忽视了由就业权和培训权等组成的自我发展能力权的保障,从长远看,这将影响受援地区少数民族就业能力和水平的提升,影响其提高自我发展能力,并容易患上"援助依赖症"。

(二) 北京市援疆保障少数民族就业权中的不足

就业是指具有劳动能力的劳动者在法定劳动年龄内自愿从事某种具有一定劳动报酬或经营收入的社会劳动。[①] 就业权是宪法保障劳动权得以实现的重要方式,《宪法》规定:"公民有劳动的权利和义务。国家通过各种途径,创造劳动就业条件,并在发展生产的基础上,提高劳动报酬和福利待遇。"[②]北京市在援疆过程中创造了相当数量的就业岗位,增加了少数民族就业数量,但在通过法治保障少数民族就业权方面还存在不足。

一是未在对口援助的地方性法规或规范性文件中明确少数民族就业比例。由于《民族区域自治法》和《劳动法》等法律已经规定了少数民族就业的平等权,但对在民族地区的劳动者就业权并未规定。和田地区少数民族人口占总人口九成以上,北京市在援疆制度中未规定援疆企业招收少数民族劳动者的比例,未在企业的技术、管理等

① 关怀主编《劳动法》,北京:中国人民大学出版社,2001 年,第 102 页。
② 《中华人民共和国宪法》,国务院法制办公室编:《中华人民共和国法律全书(第四版)》,北京:中国法律出版社,2016 年,第 5 页。

关键岗位上明确规定配备少数民族劳动者。二是保障重点就业群体的不足。农村劳动力重点困难群体的就业权、城镇零就业家庭的就业权、高校毕业生的就业权都没有在援疆的法治规范中予以明确。三是援助规划制定中没有明确“就业第一”的优先地位。比如在项目和资金的分配使用上没有以就业为最优先事宜，在产业选择上没有以就业为最终目的，在创业促进上未健全相关机制。四是劳务合作的机制不健全。和田地区富余劳动力较多，北京市在援疆制度中并未有充分搭建好劳务合作平台，吸引和田地区农民到外地就业。对于已来京务工的受援地区贫困群众，也并未健全服务保障机制，提供政策咨询、职业指导、岗位推介等就业服务。

（三）北京市援疆保障少数民族培训权中的不足

培训权是宪法赋予劳动者的一项基本权利，它要求政府或企业对劳动者进行必要的知识和技能培训，以适应劳动活动时的基本需要。《宪法》规定：“国家对就业前的公民进行必要的劳动就业训练。”从广义上来讲，劳动者包括政府、企业、事业单位的劳动者、农民、自由劳动者等，由于教师、医务人员、公务员等已经进行了有效的培训，这里说的培训主要指的是援疆企业所涉及的劳动者。

一是国家法律对就业技能培训的专门性法律缺失。在我国法律体系中，有关职业技能培训的要求散见于劳动法、就业促进法、职业教育法等法律中，有关规定缺乏系统性和可操作性。在实际工作中，缺乏法律的刚性要求，导致了政府组织责任落实不力，劳动者参加的权利保障不力，企业参与的积极性不高。

二是虽然北京市在援疆过程中对少数民族劳动者进行了行之有效的培训，但并没有实现制度化、法治化，在完善职业技能培训财政资金补贴方式、构建就业技能培训、岗位技能提升培训和创业培训为主的培训体系、建立重点产业职业技能培训需求指导目录制度、健全劳动者技能提升激励机制、构筑职业技能实训基地网络、提升高校毕业生、新生代农民工等重点人群职业技能、开展岗位技能提升培训等方面还需要法律制度的进一步规范。

第四节　构建北京市对口援疆中民族发展权益的法治保障

一、保障对口援疆中的民族地区经济发展权益

（一）中央政府层面的法治保障

修改宪法援助民族地区的规定。为避免对口援助民族自治地方没有宪法依据的尴尬，有必要在宪法层面对发达地区的对口援助的职权进行明确，地方政府的对口援助才会“名正言顺”。国家在修改《宪法》时，可明确规定对口援助少数民族自治地方是经济发达地区政府的法定义务。全国人大对 1982 年宪法的修改有五次，分别是 1988 年、1993 年、1999 年、2004 年和 2018 年。通过修订《宪法》来明确地方政府对口援助无疑是最佳选择。不过，修改宪法有两个难点：一是由于宪法作为根本大法，为了维护《宪法》的权威性，全国人大修改《宪法》慎之又慎，难度较大。二是由于《宪法》规定往往是原则性的条款，目前宪法中已经有“国家帮助各少数民族地区加速经济和文化的发展”的条款，所以进一步明确发达地区政府对少数民族地区援助权的可能性也较小。

通过宪法解释明确“国家帮助少数民族地区加速经济发展”条款。我国的法律解释呈现出浓厚的立法色彩，呈现“谁有权立法、谁有权解释”的倾向。《宪法》第 67 条规定：全国人大常委会有权解释宪法和法律。[①]《立法法》第 50 条进一步规定：全国人大常委会的法

① 《中华人民共和国宪法》，国务院法制办公室编：《中华人民共和国法律全书（第四版）》，北京：中国法律出版社，2016 年，第 7 页。

律解释同法律具有同等效力。① 全国人大常委会的宪法解释往往是为了解决对重大问题的争议，宪法解释权既是全国人大常委会的权利也是责任。考虑到新疆等少数民族地区经济发展的特殊性，全国人大常委会可以在合适的时机对国家帮助新疆等少数民族地区的条款进行宪法解释，厘清发达地区帮助少数民族地区发展的模糊表述，界定责任和权利，凸显国家对对口援助少数民族地区的重视。

保障民族地区经济发展权也要维护全国市场公平。2014 年国务院下发《关于清理规范税收等优惠政策的通知》，要求坚持税收法定原则，各地不得自行制定税收优惠政策。有学者认为，对新疆等民族自治地区税收等“一刀切”政策有失公允，应对民族地区进行税收优惠。笔者认为，统一规范税收优惠政策有利于维护公平的市场竞争环境，促进形成全国统一的市场体系，有利于产品要素的自由流动，从长远看有利于民族地区的市场形成。巴西等国的实践证明，欠发达地区仅通过税收等优惠政策，虽然暂时会吸引投资，但损害了地区发展的持续竞争力。虽然目前看税收“一刀切”政策对民族地区不公平，但应通过加大中央财政转移支付、对口援助的方式来使少数民族地区享受到政策优惠，更公平参与市场竞争。2014 年召开的中央民族工作会议上也指出，应以维护全国统一市场为前提，不宜单独为民族地区制定税收优惠政策。②

（二）地方政府层面的法治保障

在地方立法中保障援助权和少数民族经济自治权的协调统一。对口援疆过程中，北京市援助权的行使应与新疆的自治权行使协调起来，实现相互配合，共同促进。北京市行使援助权应以不干涉新疆

---

① 《中华人民共和国立法法》，国务院法制办公室编：《中华人民共和国法律全书（第四版）》，北京：中国法律出版社，2016 年，第 1—87 页。

② 国家民族事务委员会：《中央民族工作会议精神学习辅导读本》，北京：民族出版社，2015 年，第 150 页。

少数民族经济自治权为前提，北京市作为援疆资金的直接分配者，在援疆项目上拥有决策权。北京市援疆的方式主要分为交钥匙项目和交支票项目两种，交钥匙项目由北京市全额投资并负责建设，就是在受援方负责建设的交支票项目上，北京市在项目选择上也发挥着主导权。为确保北京市在援疆过程中不与新疆自治权少数民族经济自治权发生冲突，应在北京市对口援助条例和新疆的有关法规中规定相应条款。

完善产业援疆的法治保障制度。在对口援助过程中，优化新疆和田地区的产业结构、扩大产业的规模、发展特色产业、构建现代产业体系，是加速推进新型工业化、增强受援地区内生发展能力的有效途径，法律制度的创制应沿着以下思路进行。(1)完善援疆的农牧业发展法律制度。通过制定北京市农业援疆的规范性文件，大力发展现代农业。一是发展高效节水设施农业、精品特色林果业、畜牧业，加大农业新品种、新技术的推广力度。高标准新建温室大棚，支持饲草基地建设，建设种羊、肉羊繁殖基地。二是支持和田国家级农业科技示范园建设，实施品牌建设和原产地保护工程。支持和田农产品市场开拓。通过“公司 + 农户”“合作社 + 农户”、兵地融合等组织方式，引进和培育农业产业化龙头企业，发展壮大集体经济规模，促进农民增收。设立脱贫互助资金，发展林果经济、庭院经济、特色养殖。(2)构建援疆的特色工业发展法律制度。通过制定北京市工业援疆的规范性文件，发展受援地区的特色工业体系。一是实施产业培育工程。安排支持产业发展专项资金，支持若干骨干企业做大规模，发挥骨干企业的龙头带动作用，支持若干有较大潜力的中小企业快速发展，培育新的经济增长点。二是实施工业园区聚集提升。推动和墨洛产业园区升级为国家级产业园，争取差异化政策。按照“和墨洛昆”一体化发展思路，引导错位竞争、差异化发展，促进产城融合。三是完善园区基础设施，支持标准化厂房建设。深化北京市经济技术开发区与和田市北京工业园、北京临空经济核心区与十四师皮墨北京工业园“一对一”结对帮扶，提升园区服务管理水平。四是建设小微企业创业产业孵化基地。支持“一市三县”城镇小微企业创业产业园建设，为小微企业发展创造信息服务、技术咨询、金融服务等必要条件，推动大众创业，万众创新。重点立足和田的特殊优势，大力在矿产资源勘探开发、玉石交易以及铁路、公路等基础设施建设方面力争有新的突破。建设工业项目要科学论证，要考虑市场，不能建设全国供过于求的产业，不要生产没有特色、没有比较优势的产品。(3)建设受援地区第三产业发展法律制度。通过制定北京市第三产业援疆的规范性文件，发展受援地区的特色体系。一是推动现代服务业发展。支持电子商务和现代物流业发展，搭建特色产品产网上销售平台。支持城乡农贸市场建设。二是支持旅游基础设施建设，重点支持国家5A级景区创建，支持和田旅游纪念品开发，发展旅游经济。另外，要通过制定相关条例或者规范性文件，推动受援地建立科学高效的招商引资工作机制，积极争取在京央企、有实力的民企来和田投资，把首都非核心功能疏解与推动和田发展有机结合起来。围绕和田优势资源、特色产业，一方面借助北京宣传优势，积极推动和田优质特色农副产品走向全国；另一方面利用北京产业优势，继续推动一批高质量的京企落地和田，积极引进农产品深加工、矿产等受援地基础薄弱产业的企业，引入家政服务、互联网、中介评估公司等受援地缺少的企业，改善当地生产经营环境。

二、保障对口援疆中的少数民族经济权利

（一）完善《民族区域自治法》中对口援助保障少数民族权利的规定

细化发达地区对口援助少数民族地区的规定。(1)明确经济发达省份在对口援助边疆民族地区时必须考虑民族因素，把对口援助

民族地区和帮助少数民族发展结合起来，促进少数民族共同富裕。(2)明确规定对口援助边疆民族地区中的援受双方的其他权利、义务。比如《民族区域自治法》第23条规定，民族自治地方的企业、事业单位要优先招收少数民族人员。应在法律中细化一定优先比例和硬性指标，促进援疆省份在援疆地区同等条件下优先招聘少数民族劳动者。

明确少数民族权利保障的责任条款。《民族区域自治法》中没有规定具体的法律责任。法律责任是法律规定的责任，是以强制为后盾的特殊社会责任，制裁、补救、强制是发达的法律责任不可或缺的要素，三者构成推进法律正常运转的动力。法律制度是否完备是确保权利合法行使、职责正当履行的核心要素。法律责任制度是法律制裁得以发挥的重要平台。在法治社会中，只要启动了权力都必须预设其责任，建立起权力与责任相对应的制度。建立和完善《民族区域自治法》的法律责任，既是法理学的需要，也是增强制约力的现实需要。发达省市在对口援助少数民族地区过程中，也需受到区域自治法中具体法律责任的制约。

(二) 在地方立法中明确少数民族就业权和培训权

除了在中央层面修改民族区域自治法等法规以外，在北京和新疆的地方层面也应建立相关的法治保障。在《北京市对口援助条例》和新疆自治权有关地方法规中，要着重保障少数民族的就业权和培训权，就业权是少数民族走向共同富裕的根本措施，培训权则是提高少数民族劳动者素质的关键，这两者构成了少数民族内生发展能力提高的关键。

1. 保障援疆中的少数民族的就业权。明确援疆项目中的少数民族就业比例。《民族区域自治法》和《劳动法》等法律已经规定了少数民族就业的平等权，但对在民族地区的劳动者就业权并未规定。目前只有国务院国资委等部门制定了相关规定少数民族就业比的政策，国务院国资委要求驻疆央企在三年之内，吸纳本地少数民族群众就业比例，要由现在的平均的17%达到25%左右。[①] 考虑到国家完善有关少数民族就业法律法规是一个漫长的过程，地方政府在实践中可通过立法先行探索，北京市在援疆相关立法中应该规定在受援地的企业招收少数民族劳动者的比例，和田地区少数民族人口占总人口的九成以上，援疆企业招收少数民族的比例应不低于企业劳动者总数的四到五成，在企业的技术、管理等关键岗位上要明确规定配备少数民族劳动者。

通过法律制度保障少数民族就业实现渠道。(1)产业扩大就业。发展高效节水设施农业、畜牧业，支持发展庭院经济，就地就近吸纳农村劳动力就业。支持发展劳动密集型制造业，扩大第二产业吸纳就业的能力。发展旅游、商贸、家政物业等服务业，吸纳轻体力劳动群体和城镇富余劳动力就业。通过"公司＋家庭"方式，发展丝绸等特色手工业，实现在家就业。(2)创业促进就业。支持"一市三县"小微创业产业园建设，发展电子商务、创意设计、传统优势等产业，重点吸纳大中专毕业生青年劳动力就业。加强创业指导，加大扶持力度。(3)政策支持就业。对劳动力转移服务中介机构给予补贴，引导富裕劳动力外出务工。鼓励当地企业新增稳定就业岗位，在社会保险缴纳等方面给予补贴。支持完善地区、市县、乡镇三级就业服务平台建设，推动就业服务进村入户。

建立就业援助制度。通过制定规范性文件，实施促进就业帮扶，扶持受援地区产业发展、就业创业技能培训、建立劳务信息沟通机制、本市援助项目吸纳当地人员就业等多种方式，促进受援地区贫困人口就业，对于已来京务工的受援地区贫困群众，建立健全服务保障机制，提供政策咨询、职业指导、岗位推介等就业服务。

2. 保障援疆中的少数民族就业权增强现有法律法规的执行力。

---

① 叶晓敏：《多家在疆投资央企"落户"新疆》，《新疆都市报》2014年6月28日，第6版。

在对口援疆中严格遵守《劳动法》《新疆维吾尔自治区民族团结进步工作条例》等法律法规有关少数民族就业的规定，比如《条例》的第24条规定：国土资源、发展与改革、交通、水利等部门应当在资源勘探开发、交通、能源、水利项目建设方面，提高当地企业和劳动力的参与度。鼓励企业吸纳当地劳动力，尤其是少数民族劳动力。

通过地方立法健全劳动关系协调机制，提高当地劳动力技能，让劳动者在参与当地经济发展的过程中成长为熟练的技术工人、现代农民。(1)发挥北京援疆干部人才的传帮带作用。一是在管理理念、专业技术等方面为受援地培训干部人才，推动北京人才柔性援疆。二是充实首都服务和田发展专家顾问团，发挥好北京专家作用。加大专业技术人才培训力度，重点培养培训急需专业人才，群众欢迎的农林牧畜实用人才，城市规划、城乡建设、城市运营等公共管理人才，广播电视宣传等文化人才，企业管理、市场营销、技术研发等企业人才。三是支持改善人才引进，统筹建设人才公寓和配套设施，设立人才专项补助资金，提升对人才的吸引力。(2)通过法治规范、强化各类专业人才培训力度。一是结合当前发展需要，受援地各行业人才特别是双语教师、医疗技术人员和基层干部紧缺，进一步加大各类专业人才培训工作力度和资金投入，为受援地区培养大量医疗卫生、项目管理、施工监理、城乡规划等技术人员和各级干部，为受援地自我发展提供智力支撑。二是发挥北京优势，有针对性地支持中等职业教育发展，以适应大规模援疆项目实施需要和当地经济社会发展的需要。(3)继续支持职业教育。以就业为导向，统筹职业教育资源，支持地区申办高等职业技术学院，支持职业学校实训基地建设，推动北京职业院校“多对一”帮扶。推动校企合作，提升毕业生就业能力。

第五章 北京市对口援疆的区域协调法治保障

对口援助中的区域协调制度对地方政府的传统行政立法体制提出了挑战，加强对口援助双方政府的行政立法协作，建立行政协调机制、法治协调机制很有必要。对口援助的高级阶段是走向对口合作，目前北京市的援助主要限于无偿援助，并没有健全和田地区实现优势互补、资源共享合作机制，主要原因是未健全利益共享机制。本章在分析北京市援疆沟通协调机制和利益共享现状的基础上，初步考察法律制度对援疆机制的规范作用，试图探求北京市援疆中的区域协调法治保障。

第一节 北京市对口援疆的区域协调机制现状

一、对口援疆机构调整与升格

组建援疆工作领导小组。对口援疆工作原属北京市发展改革委内设的区域经济合作处负责，2010 年 6 月为贯彻落实中央有关对口援助新疆工作的部署，进一步加强北京市对口援助工作的统筹领导，北京市将西部开发工作领导小组、三峡库区移民工作领导小组、对口援助地震灾区领导小组合并，成立北京市对口援助和经济合作工作领导小组。由市委书记任组长，市长任常务副组长，市委、市政府相关部门为成员单位，领导小组下设办公室（北京市支援合作办），新疆和田指挥部、西藏拉萨指挥部、青海玉树指挥部三个前方指挥机构，形成了“前方有抓手、后方有支撑、前后方统筹联动”的工作机制。北京市对口援助和经济合作工作领导小组属于北京市委管理的议事协调机构，定期召开会议，研究制定贯彻落实中央对口援助工作的方针政策和经济合作的战略规划、工作计划、政策措施，统一领导、组织协调北京市对口援助和经济合作工作，研究重大问题。

成立支援合作办公室负责后方工作。北京市支援合作办负责统筹负责对口援助和经济合作的组织、协调及督办工作，广泛动员北京市十六个区、有关部门、高校、医院、国有企业参与对口援助工作。具体职能包括贯彻落实党中央、国务院有关对口援助工作的方针政策和经济合作的战略规划，负责组织协调本市对口援助相关地区工作以及与相关地区的经济合作工作；研究拟订相关政策措施并组织实施，协调解决工作中的有关问题；督促检查领导小组会议议定有关事项的落实情况；北京市支援合作办内设机构 7 个，行政编制 41 人。[①] 设立新疆和田指挥部负责前方工作。新疆和田指挥部是北京市对口援助和经济合作工作领导小组的前方指挥机构，主要职责是：在领导小组的领导下，负责与和田当地党委和政府的联系协调工作，统筹组织实施北京市在当地的项目建设、产业合作、智力支援等对口援助和经济合作工作，承担市政府交办的其他工作。[②] 新疆和田指挥部下设办公室、规划发展部、产业合作部、工程建设部、智力支援部、财务合同审计部、安全保卫部、组织人事部、纪委和监督小组等 9

---

① 《北京市 2016 年市级部门预算公开专栏》，2016 年 6 月 5 日，http://zhengwu.beijing.gov.cn/zjgl/ys/2016/ysxtjg/t1426159.htm，2017 年 1 月 6 日。

② 北京市 2016 年市级部门预算公开专栏》，2016 年 6 月 5 日，http://zhengwu.beijing.gov.cn/zjgl/ys/2016/ysxtjg/t1426159.htm，2017 年 1 月 6 日。

个部门，部门行政编制 68 人。[①] 北京市和田援疆指挥部与和田地委、行署组成北京市援疆项目筹划建设协调领导小组。北京市和田援疆指挥部在和田地区共设 9 个工作队，分别为地直工作队、和田市工作队、和田县工作队、墨玉县工作队、洛浦县工作队、兵团农十四师师部工作队、四十七团场工作队、二二四团场工作队、皮山农场工作队。[②]

二、建立定期党政主要负责人互访工作机制

省级层面党政主要负责人定期会晤。北京市党政主要负责人高度重视援疆工作，把对口援疆视为政治责任，高频次赴和田地区调研考察，在北京市领导对其他省份的互访数量上位居前列。2010 年至 2015 年，北京市党政主要负责人会见新疆自治区及和田地区党政代表团 10 余批次，赴受援地区学习考察 6 批次，每年平均一次。2010 年 4 月 10 日至 12 日，刘淇、郭金龙率北京市代表团在和田地区进行学习考察，并与王乐泉等新疆自治区党政负责人座谈。在这次会谈中，双方确认了北京市对口援助的方案，包括支援方和受援方的对接、编制规划、援助重点、组建机构、资金筹措、项目安排、人员组织和干部配备，并要求尽快建立起全方位对口援疆的工作机制。2010 年 6 月 8 日，刘淇、郭金龙会见来访的新疆自治区主席努尔・白克力。刘淇强调，北京市要以首善标准高质量、高水平、高效率完成援疆任务。2010 年 11 月 3 日，刘淇与新疆和田地委主要负责人座谈，提出要把对口援助新疆工作纳入北京市“十二五”规划。2011 年 12 月 21 日，刘淇、郭金龙会见和田地委书记闫汾新率领的和田地区党政代表团。2013 年 5 月 7 日，郭金龙、王安顺会见和田地委副书记、行署专

---

① 《北京市 2016 年市级部门预算公开专栏》，2016 年 6 月 5 日，http://zhengwu.beijing.gov.cn/zjgl/ys/2016/ysxtjg/t1426159.htm，2017 年 1 月 6 日。

② 和田年鉴编委会：《和田年鉴 2011》，乌鲁木齐：新疆人民出版社，2011 年，第 126 页。

员艾则孜·木沙率领的和田地区党政代表团。2014 年 9 月 11 日至 12 日，郭金龙率领的北京市党政代表团在和田地区考察对口援疆工作，考察北京援疆首个交钥匙工程棚户区改造项目京昆小区等地。[①] 2015 年 6 月 10 日，郭金龙与新疆和田地区党政代表团在北京座谈，提出及时规划启动新项目。

地市级党政主要负责人互访频繁。2015 年 6 月和田地区行署专员艾则孜·木沙率领党政代表团到顺义现代农业万亩示范区和杨镇高中和田班参观考察。[②] 2016 年 7 月北京市平谷区委书记王成国率领党政代表团来和田调研安居富民工程、援建中学医院等项目。[③] 2016 年 9 月北京市西城区委书记卢映川率领党政代表团来和田调研考察援疆项目，并捐赠援疆资金 200 万元。[④] 需要指出的是，卢映川和王成国都曾经在北京市援疆和田指挥部总指挥职位上历练过，在执政西城区和平谷区后，依然心系和田，并积极通过本区的资源帮助和田地区发展。此外，承担着援疆任务的北京市各部门也积极到和田调研，仅在 2016 年 8 月，和田地区就接待了两个北京市单位的考察团。8 月 7 日—12 日，北京市委教育工委常务副书记张雪率首都教育考察团一行 16 人，走访和田地区 10 所职业院校、6 所中学、3 所小学、1 所幼儿园以及相关企业，召开了 5 个座谈会，全面了解北京教育援疆项目实施情况、和田“双语”教育开展情况和当地职业教育发展情况。[⑤] 8 月 21 日—23 日，北京市投资促进局考察团来

---

① 北京市地方志编纂委员会办公室：《北京年鉴（2015）》，北京：北京年鉴杂志社，2015 年，第 83 页。

② 顺义区信息中心：《新疆和田地区党政代表团到顺义参观考察》，2015 年 6 月 12 日，http://www.bjshy.gov.cn/Item/68110.aspx，2016 年 8 月 12 日。

③ 张勇：《北京市平谷区党政代表团来和调研考察援疆项目》，《和田日报》2016 年 7 月 5 日，第 1 版。

④ 张勇：《北京市西城区党政代表团来和调研考察》，《和田日报》2016 年 9 月 21 日，第 1 版。

⑤ 北京市教委：《首都教育考察团赴新疆和田地区考察调研》，2016 年 8 月 16 日，http://edu.bjhd.gov.cn/xw/yw/201608/t20160816_1288862.html，2016 年 8 月 20 日。

和田开展知名企业投资和田行活动，前往和田市、兵团第十四师四十七团、昆玉市等地考察。①

三、援助规划与和田发展规划充分对接

北京市援疆“十二五”“十三五”规划与和田地区规划紧密衔接。北京市援疆规划全面对接和田地区规划，统筹输血与造血、硬件与软件、城市与乡村关系，坚持重点向就业与产业、教育等方面倾斜。2010年北京市编制了《北京市对口援助和区域合作“十二五”规划》，明确“十二五”期间全市对口援助新疆和田的工作，在推进安居工程、完善教育体系、发展公共服务、促进产业振兴、强化人才培训、加强两地交流六个方面重点部署。2016年北京市援疆指挥部与和田地区相关部门在充分研究、协商的基础上，编制了《“十三五”时期北京市对口援助和田地区“一市三县”和新疆生产建设兵团第十四师综合规划》，明确了“十三五”期间北京市援疆11方面重点工作，包括提升产业发展能力、实施就业第一战略、加强交流交往交融、提高教育发展水平、提升医疗卫生服务能力、提升干部人才能力、提升公共文化服务能力、改善群众生产生活条件、支持兵团在南疆发展等方面。

援疆规划和年度工作有效衔接。北京市援疆形成了五年综合规划、动态开放的援建项目储备库、年度项目投资计划和专项行动计划、年度新建项目开工计划、年度完工计划构成的实施推进机制，制定了覆盖项目管理全过程的一系列管理制度。此外，援疆规划与和田规划根据和田经济发展中的难点和重点布局，并根据中期评估结果修订、调整；合理规划援疆资金，扩大覆盖面积；在公共服务型、便民型援疆项目中考虑当地群众的需求，通过援疆项目迅速填补，满足

① 刘燕：《北京市投资促进局考察团来和开展知名企业投资和田行活动》，《和田日报》2016年8月22日，第1版。

群众需求。

四、援疆项目管理制度不断健全

制定北京市援疆项目管理暂行办法。通过制定项目管理办法，进一步规范了对口援疆的资金和项目的管理工作。强化项目资金的管理。区域合作项目资金也由市财政集中拨付，设立专项专户存储、专款专用。

完善北京市援疆项目形成和推进机制。建立了综合规划、援建项目储备库、年度项目投资计划和专项行动计划等构成的援疆项目超前谋划、滚动实施推进机制。在全国19个援建省市中率先建立北京市援建项目储备库，严格入库项目条件和标准。狠抓项目前期工作，组织各相关单位集中攻关，缩短项目前期时间。公开征集项目设计方案，尤其是交钥匙项目的设计，实行京和两地分别评审，不断更新充实项目储备库。强化工作绩效评估，督促项目主责部室加快项目推进，委托外部专业研究部门进行评估，并将计划执行情况纳入考核，强化计划约束。形成了援建项目"规划一批、储备一批、实施一批"的良性滚动机制，每年7月初提前着手编制下一年度援疆项目计划，确保每年投资及时下达，为项目早开工、早建设打下坚实的基础。

创新北京市项目实施管理方式。在项目实施阶段，实行全过程精细化管理，对项目全过程的安全性、质量和资金使用进行监督管理，在确保工程质量的基础上严格控制成本。组织开展春季、夏季和秋季调研等协调推进机制，现场协调解决援建项目问题。为充分发挥市场机制的功能和作用，引入项目管理公司，建立激励和约束机制，对交钥匙项目实施专业化管理，确保北京援建的交钥匙项目经得起检验。

五、援疆干部数量多层次高领域广

2010年至2015年，北京市先后选派732名优秀干部人才开展援疆工作。在北京市援助各地区中，援助新疆和田的选派干部、人才次数上，均居首位。2011年至2014年，北京市援助西藏拉萨干部、人才为265人次，而援助和田达620人次。[①] 分布在当地60多个各级党政机关部门和十余所学校、医院。干部来源广、专业全，来自全市16个区和40余个市级部门，共涉及北京市200多个机关和企事业单位，涵盖经济管理、城市建设、农业发展、教育医疗等多个领域。北京市对口援助和田干部的组成不仅包括经济发展部门干部，还有民族宗教、社会治理等干部，相比而言，大部分对口援疆省市的援疆干部构成来源较为单一，援疆干部主要有经济部门的干部组成，民族部门、社会治理等部门的干部较少。

第二节　北京市对口援疆的区域协调法治障碍

一、北京市区域行政协调面临的的法律问题

“京和两地”衔接联动机制不畅的根源是相关法律制度不健全。北京市援疆的相关事宜主要由北京市和田指挥部与和田地区党政机关进行协调，具体表现为两方面，一是政府部门间的行政协调，二是通过行政协议明确双方援助的重点。但这两方面的衔接联动机制仍然存在不畅通的情形，涉及重大的援助问题，往往没有独立的第三方

---

① 《北京市“十三五”时期对口援助新疆和田地区综合规划》，北京市对口援助和经济合作办公室提供。

机构进行协调沟通。区域协调中涉及地方利益，相关协调机构应采取何种手段开展协调，实质上是政府主导还是市场主导的问题。根据政府权力介入的程度，主要分为两种，一是公法模式，此模式强调政府的强力介入，二是私法模式。我国的区域协调中，主要采取的是以政府导向为主的公法模式。

（一）行政协调缺乏国家层面的制度规范

行政协调作用有限。对口援助是两个不相隶属的行政区之间进行的合作，区域合作之间难免会产生冲突。目前，北京市对口援疆产生的行政争议事项主要由北京市援疆指挥部与和田地区受援部门共同协商解决，此外，兼任和田地委副书记的北京市对口援疆指挥部总指挥也承担着协调事宜。但在现实中，如果援助地政府和受援地政府发生重大纠纷，现有的协调机制就难以做到公平公正。由于援助地和受援地的经济地位不对等，援助地可以在不违反中央政府援疆部署的大前提下，最大程度的考虑自己利益。

行政协调缺乏法律依据。我国法律体系缺少对政府间行政争端解决的裁定，法律只明确了各级政府对其辖区内事务的管理，而未涉及跨行政区域中地方政府的行为，更不用提跨行政区域中的行政协调行为，在《行政诉讼法》第 13 条[①]和《仲裁法》第 3 条中[②]，行政机关相互之间的纠纷均被排除在受案范围之外。目前我国省级政府之间的行政争端只能由共同的上级政府——国务院进行裁决，但除了行政边界的裁定外，国务院并没有行政争端裁决的相关规定。

---

① 《中华人民共和国行政许可法》，国务院法制办公室编：《中华人民共和国法律全书（第四版）》，北京：中国法律出版社，2016 年，第 3—13 页。

② 《中华人民共和国仲裁法》，国务院法制办公室编：《中华人民共和国法律全书（第四版）》，北京：中国法律出版社，2016 年，第 7—76 页。

（二）行政协议法律规范不健全

行政协议指的是地方政府或职能部门之间，为了更好地实现行政管理，在平等、自愿、协商的基础上签订的合作协议，明确一定时间内各方合作内容、形式，规范行政行为。我国《宪法》与相关法律虽然没有出台明确的“政府间协议条款”，但并没有禁止性规定。根据我国法律，如果行政协议涉及中央政府的职权或涉及政治性问题，则需要取得中央政府的同意。同样，由于区域经济发展的需要，中央政府有必要适时制定相关法律，授予地方政府在某些问题上制定行政协议的自主权。行政协议的效力及法律位阶，对行政区域内公众有效力。北京市援疆的行政协议，既有总体性规定的框架协议，如《北京市对口援助与合作2009—2012年框架协议》，又有具体事务性的专项协议，如《北京市妇联对口援助新疆和田地区妇联交流合作框架协议》等。北京市在援疆过程中与受援地签订行政协议来规范双方的行为，但这些协议在法律规范方面存在一些问题。

一是援疆行政协议缺乏公开程序。按照《政府信息公开条例》第9条规定，涉及公民、法人或者其他组织切身利益的，需要社会公众广泛知晓或者参与的，行政机关应当主动公开相关信息。[①] 北京市援疆行政协议涉及和田地区人民的切身利益，但并未向社会公布，难以满足公众的知情权。对于行政合作协议赋予特定行政相对人权利，由于行政相对人的不知情，使其不能获得相关利益，影响了行政协议的法律效力。

二是援疆行政协议缺少公众参与程序。行政协议通常直接或间接涉及行政相对人的权利和义务，可能造成相关利益人权利的减损，需要考虑到相关利益人对行政协议的参与权。北京市援疆行政协议

---

① 《中华人民共和国政府信息公开条例》，国务院法制办公室编：《中华人民共和国法律法规全书（三卷本）：行政法卷（第二版）》，北京：中国法律出版社，2015年，第42页。

缺少征求公众意见的渠道,没有更好地反映民生关切,影响了政府制定援疆行政协议的科学性、民主性,也不利于行政相对人更好地维护自身权利。

三是援疆行政协议缺少责任条款。北京市援疆的总体行政协议和专项区域合作行政协议,对合作宗旨、原则等作了详细规定,但并未对违约责任作出说明。行政主体作为地方利益主体,在履行协议时会以地方利益最大化为目标导向。如果协议只是规定了权利,没有明确责任条款,就会降低行政功能协议效力和对协议的执行力,行政协议内容流于空泛,失之于宽,难以取得预想的实效。

二、北京市对口援疆的利益分享障碍

对口援疆中并未建立健全资源开发共享机制。第四次中央民族工作会议指出:"民族地区把优势发挥出来经济就活了","要大力发展矿产、能源、农牧业等资源优势,支持民族地区发挥比较优势。"[①]但囿于体制机制原因,和田地区的资源开发共享并未被提上对口援疆日程,具体表现在两方面。第一,和田地区有资源却无力开发。和田地区位于塔里木盆地西南部,能源、矿产资源丰富,拥有我国资源储量最大的铅锌矿以及大量石油、天然气等能源,但由于缺少资金和重大项目,这些资源并没有得到充分开发,资源优势并没有转化为发展优势。第二,北京市属国企资源开发和对口援疆并没有协调联动。一方面,北京市援疆过程中囿于中央政府无偿援助的理念,并没有试图建立和田地区资源开发分享制度。另一方面,北京市属能源国有企业在新疆等地参与矿产资源能源开发,并没有在和田地区开发矿产资源能源,比如北京市属国企北京能源投资(集团)有限

① 国家民族事务委员会编:《中央民族工作会议精神学习辅导读本》,北京:民族出版社,2015 年,第 223 页。

公司在 2015 年中标新疆伊犁盆地、新疆塔里木盆地等 3 个地区的石油天然气勘查区块。[①]

对口援疆中并建立产业转移税收分享机制。北京市承担着疏解非首都功能、提升首都核心功能的国家战略。北京市制定了新增产业的禁止限制目录,疏解退出一般性制造业,这些企业大部分转移至北京周边的河北等地。一般性制造业并不属于污染企业,只是不属于首都的产业功能定位,这些企业经济效益好,吸收就业人口多,在中西部地区有着广阔的发展前景。在京津冀协同发展战略的规划引领下,北京市通过搭建产业转移平台,向河北沧州、唐山等地转移了大量制造业企业,其中不乏药品制造、汽车制造等中高端制造性产业,给转移地创造了大量的税收。囿于产业转移是市场自主行为以及和田距离北京路途遥远等因素,北京市并没有搭建好向和田地区的转移平台并制定产业转移税收分享政策,并没有把疏解非首都功能和对口援疆这两个国家级战略有机结合起来,虽然北京市在帮助和田地区招商引资时不遗余力,但向和田转移产业的效果并不理想,主要原因是没有形成税收合理分配的法律、制度。

第三节　北京市对口援疆的区域协调法治保障

建立北京市援疆的区域协调法治的核心在于明确援受双方的权责利。(1)充分授予援助方和受援方在资金使用、项目分配上的权利,既尊重受援方的短期和长远需求,又充分考虑援助方的经济承受能力和科学理念,比如在项目选择上,要成立项目决策委员会,委员会由援受双方人员和第三方评估机构组成,对受援地申请的项目,要

---

① 渠沛然:《新疆油气勘察区块招标结果公示》,《中国能源报》2015 年 11 月 2 日,第 14 版。

科学评估、仔细甄别，最终由委员会表决通过，充分保障援受双方的建议权和决定权。(2)明确援受双方的责任。无救济即无权利，要在行政合同或地方法规上设定责任条款，规定各方决策、执行行为产生的法律后果，确立对相关责任人进行追究的措施。(3)充分保障援受双方的利益，既要保障援助方一定的决定权，调动援助方积极性，又要保障受援方政府的利益以及受援地民众的切身利益；既要保障经济发展权益，又要保障社会稳定、民族团结等社会权益。

一、完善多层级的跨省行政管理协调法律机制

第一，建立高效有权威的区域行政立法协调机构。跨行政区的制度性功能组织，是指在不改变原有行政区划和管理的基础上，针对特定事务所设立的组织机构，虽然它具有相应的人员编制和职权范围，但并不具有独立的行政主体资格。[①] 北京市与新疆自治区、和田地区共同组建对口援疆协调委员会，由北京市党政领导、新疆自治区党政领导、和田地区党政领导，以及双方的援疆机构主要负责人参与，每年召开一次联席会议，就援疆的重大问题进行研究和部署，形成授受双方联动、前后方联动、政府社会联动的协调机制。北京市对口援疆指挥部、新疆自治区对口援疆相关部门、和田地区发展改革委等部门每年不定期召开工作会议，研究落实上级部署的重要任务，沟通工作进展，推动工作落实。此外，要委托第三方机构进行仲裁争议，遇到重大争议事项，由独立的仲裁机构客观、公正地协商解决。

第二，健全依法决策机制。北京市援疆中的重要规划制定、重大项目安排、重要资金使用、重要人事安排以及其他重要决策，都要纳入法治轨道。一要健全依法决策机制、决策流程、法定程序和法律责

① 叶必丰等：《行政协议：区域政府间合作机制研究》，北京：法律出版社，2010 年，第 72 页。

任,强化决策法定程序的刚性约束。二要落实重大决策社会稳定风险评估机制。三要实行决策公开,决策时广泛征求和田地区受援地公众意见,对于意见建议应积极采纳。四要提高行政决策的执行力。违法决策、不当决策、拖延决策应当明显减少并得到及时纠正,大幅提升行政决策公信力和执行力。五要严格决策责任追究。决策机关应当跟踪决策执行情况和实施效果,根据实际需要进行重大行政决策后评估。健全并严格实施重大决策终身责任追究制度及责任倒查机制,对决策严重失误或者依法应该及时作出决策但久拖不决造成重大损失、恶劣影响的,严格追究法律责任。

第三,健全行政协议的履行模式。在实践中,区域政府间缔结的行政协议往往是原则性的,对于权利义务内容没有具体化、明确化。这就需要在行政协议的履行模式上加强规范,进一步明晰主体责任和推动责任,合力形成新时期援疆工作的新局面,推动受援地区跨越式发展和长治久安。具体说来,要进一步完善前后方联动推进和协调对接的工作机制,明晰各方职责,并根据责任配置资源。(1)支援方要把握好项目建设节奏进行总量管理,要合理安排年度投资计划,确保资金及时到位和使用平衡;要做好项目全过程管理,确保项目顺利推进;要积极配合受援方加强项目前期论证和配套管理,并与受援地充分协商,努力在项目建设标准上达成一致,以实用性为原则进行建设,降低成本,实现按需建设。(2)积极发挥北京优势,通过打造"交钥匙"引领示范工程,在发展理念、功能设计、组织、管理、质量、安全及带动就业、使用运行等援助全过程中引领当地建设和发展。(3)受援方要积极主动加大力度做好项目征地拆迁、公共配套条件落实等问题,同时要做好已完工项目尤其是学校、医院等公务服务设施项目的后续管理和运行经费保障,确保援建项目尽早显现效果;积极落实减免有关行政性收费、政府性基金等政策措施,开辟援疆项目绿色通道;改进项目运行管理体制,确保项目持续稳定推进。

第四,界定行政协议争端解决法律条款。行政协议是对缔结各方权利义务的书面化安排，是对不同利益代表或主体的利益关系的安排。作为不相隶属的地方政府，从法理上讲，要以维护本地区民众的利益为基本遵循，当两地利益发生冲突时，行政协议的签订双方难免会发生纠纷，因此，缔约双方的政府在行政协议中就要约定纠纷解决机制。但在我国跨区域事务原则上属于中央事务，援助方和受援方的行政协议行为也必然要从属于中央的统一决策。[①] 因此，只有在宪法及法律层面制定政府间关系争端解决制度，才能真正建立解决行政协议纠纷的法治保障。一是由全国人大制定统一的政府间关系法，用法律的手段来界定央地关系、地方政府间关系以及不相隶属的政府间争端解决办法。二是由国务院通过行政法规的方式来明确解决地方政府间争端的办法。三是通过制定行政程序法、行政协议法来专门规定相关条款，并界定行政协议等争端的解决办法，比如可在行政协议法中制定相关规定：行政协议中如果发生争议的，应当协商解决，协商不成的，可由共同的上级人民政府作出决定。

二、健全京和两地间利益分享法律制度

政府间合作的前提是尊重合作各方的共同利益。从本质上讲，没有共同的利益就没有区域合作。虽然在目前阶段，援助省份在经济领域上是无私援助，但从长远来看，只有援助方和受援方从对口援助走向对口合作，这种援助才会是可持续的、坚固的，也更符合市场规律。第四次中央民族工作会议指出，“要优化对口援助体制，使支援的过程成为促进各民族交往交流交融、地区合作发展的过程”[②]，

① 叶必丰等：《行政协议：区域政府间合作机制研究》，北京：法律出版社，2010 年，第 146 页。

② 国家民族事务委员会：《中央民族工作会议精神学习辅导读本》，北京：民族出版社，2015 年，第 88—89 页。

2015年公布的《"十三五"促进民族地区和人口较少民族发展规划》第12章第9节也提出，鼓励经济较发达省市、大中城市、国有大中型企业采取多种形式支援民族地区加快发展，[①]说明了对口援助由"无私援助"向"互惠合作"的发展态势。笔者认为，从如下角度可以构建北京和田利益分享法治模式。

（一）完善民族地区资源开发利益分配机制

全国人大或国务院立法完善资源开发分配的法律法规。一是制定资源税增长机制的法规。2010年国家率先对新疆原油和天然气实行资源税改革，将地方征收资源税的比例调高到5%，增加了新疆的财政收入。但新疆承担着实现跨越式发展的任务，财政收支比失调，需要稳定的财政收入来源。国家应适时制定促进新疆自治区资源税稳步增长的相关行政法规。二是修订《矿产资源法》或制定行政法规，完善资源开发补偿法律制度。现有的《矿产资源法》第5条仅规定开采矿产资源须按照国家有关规定缴纳资源税和资源补偿费，[②]但国家并没有明确补偿标准，也没有提出开发资源破坏生态的补偿内容。全国人大应适时修订《矿产资源法》，明确补偿的标准、生态补偿等内容；国务院也应制定相应的资源补偿细则，明确补偿费用的征收方式、数额、用途等内容。特别是针对《民族区域自治法》规定的"国家采取措施对输出自然资源的民族自治地方给予一定的利益补偿"内容，应适度确定少数民族地区开采资源的补偿标准。

京和两地地方人大协调立法的形式，明确北京市援疆资源开发补偿利益平衡机制。2017年国务院印发的《全国国土规划纲要（2016—2030年）》中指出，要构建资源开发补偿等区域利益平衡制

---

① 《"十三五"促进民族地区和人口较少民族发展规划》，《国务院公报》2017年第5期，第36页。

② 《中华人民共和国矿产资源法》，2004年6月25日，http://www.mlr.gov.cn/zwgk/flfg/kczyflfg/200406/t20040625_292.htm，2016年12月10日。

度，推进新疆优势资源开发。[①] 在《北京市对口援助条例》中可以明确规定援疆中可以帮助当地开发资源，但利益分成要和当地政府协商分配。此外，京和两地政府也可通过制定规范性文件的方式健全资源矿产的开发与分享机制。一是可以考虑在援疆资金中划拨一部分作为资源开发基金，用于资源的勘探、对资源开采地民众的征地补偿、环保补偿等，并吸引民间资金充实资源开发基金。二是协调北京市属能源企业到和田地区参与勘探、开发，与和田当地国企共同组建企业，实现矿产资源开发的利润分成，对于北京市矿产资源开发的收益，除了满足北京市属国企的正常利润外，剩余部分列入援疆资源开发资金，由北京市和田援疆指挥部按照预算进行管理，并专门用于资源开采地少数民族群众的就业和培训等民生项目。

（二）健全产业转移税收共享法律制度

地区间利益分享机制是“援受”双方合作的保障。国家“十三五”规划提出，要完善对口援助制度，建立互利共赢的机制，建立区际利益平衡机制。[②] 建立北京和田的区际利益分享机制，就要建立包括产业转移税收分享和总部经济税收分享的制度，分类解决总部在北京而生产基地转移到和田的企业以及产业完全转移到和田的企业。在产业转移税收分享制度方面，一方面，北京市、新疆自治区共同制定产业转移税收分享办法，包括北京通过产业转移的企业税收分配的基本原则、解决程序、方法等；另一方面，成立区域税收利益协调的组织结构，明确日常征管职责、税款的征收与分成等。

一是设立税收分享缓冲期。为了保护原产业所在地政府既得财力不受大幅影响，就需要给政府转型以过渡期。从企业转移当年算

---

① 《国务院关于印发全国国土规划纲要（2016—2030 年）的通知》，《国务院公报》2017 年第 6 期，第 55 页。

② 新华社：《中华人民共和国国民经济和社会发展第十三个五年规划纲要》，《人民日报》2016 年 3 月 18 日，第 13 版。

起，可以考虑再设立缓冲期，转入地政府应该给转出地政府一部分税收。比如北京市海淀区 1 家企业每年缴纳地方税收为 5000 万元，这家企业如果转移到和田地区，这个企业在和田地区缴税达不到 5000 万元之前的时期为“缓冲期”，和田地区政府需要把这家企业在和田地区缴纳税收的 1/3 划给海淀区政府。当这个企业缴税超过 5000 万元时，对于超过的部分，一定年限内转移地和海淀区进行分成。转入地政府占 1/2，转出地政府占 1/2。5 年缓冲期过后，转出地政府不再享受税收分成，企业缴纳的地方税收全部归转入地所有。

二是制定园区合作税收分享政策。北京企业转移到和田地区，北京市原给予的优惠政策应该继续有效，企业税收地方留成部分可由北京市与和田地区进行分成。针对重大总部经济合作项目，由北京和合作城市开展“一企一策”协商，对企业生产基地外迁后的土地供给、利益分配、政策落实等问题进行统筹协调。对转移企业实施 4∶4∶2 的税收分享政策，即对企业产生税收的地方留成部分进行切分，20%作为园区产业扶持资金，余下 80%由转出地园区和转出地园区对半分成。

三是确定总部经济和分公司税收分享制度。要考虑产业重新布局带来的企业总部和分机构变化引发的税收分配问题。可以试验调整分支机构税收征收政策，实行属地纳税，合理分配税源。为了更好地分享总分机构的税收，可考虑确立以下原则。(1)企业总公司注册在北京、分公司注册在和田地区，分公司产生的税收和收益向和田地区倾斜。不仅需要科学设计分配因素及权数，适当增加其他反映税源贡献的因素，而且不能抑制各地税务机关对成员企业税收征管的积极性。(2)除了分公司外，鼓励中央企业在和田地区的分支机构变更为独立法人，实行税收属地化管理，这样做的结果是能为分支机构所在地带来更多税收。[①]

---

① 高玉：《京津冀协同发展税收分享政策研究》，《首都经济贸易大学学报》2015 年第 6 期，第 66 页。

第六章 构建北京市对口援疆的法治监督和支撑体系

法律的生命力在于实施，法治监督体系是保障法律规范体系得以实施的重要保障。建立高效的对口援疆法治监督体系，对于维护宪法和法律权威，使援助方和受援方都在法律框架内保障各方的法定权利义务，依法行使援助权和自治权至关重要。此外，为保障法律规范的顺利实施，还需要支撑体系的配合，使少数民族经济发展、少数民族经济权利受到保障。

第一节 完善北京市对口援疆的法治监督体系

法治监督是促使立法科学化、合理化并保障法律规范得以实现的关键环节，法律缺乏强有力的监督，很容易使已制定的法律形同虚设。亚里士多德曾说过，法治社会首先要有善法，其次，善法又要获得人们普遍遵循。十八届四中全会提出，要重点构建严密法治监督体系，形成科学有效的权力运行制度和监督体系。构建对口援疆的法治保障体系，不仅要完善立法体系，还要加强人大监督、行政监督、公众监督，搭建全方位的监督体系，形成监督合力，从而提高对口援疆效率、提高行政决策的科学性和民主性。

一、完善对口援疆的人大监督制度

人大监督是指各级人大及其常委会，按照法定职权和程序，对立法和包括预算执行在内的法律执行情况进行监督和检查的总称。就北京市对口援疆而言，人大监督主要分为三部分：一是全国人大及其常委会对北京市对口援疆相关立法进行监督，对北京市、新疆自治区在对口援疆工作中是否认真贯彻实施民族区域自治法及配套法规进行执法检查；二是北京市人大及其常委会对北京市行政机关落实对口援疆相关法律进行的监督，以及对援疆资金进行的预算监督；三是和田地区人大及其常委会对北京市援疆资金进行的预算监督。

第一，加强全国人大及常委会的立法监督。一是对北京市的对口援疆立法进行审查。根据《宪法》第 67 条第 8 款，全国人大常委会有权撤销省、自治区、直辖市国家权力机关制定的同宪法、法律和行政法规相抵触的地方性法规和决议。[①] 2015 年修订的《立法法》规定地方性法规要报送全国人大备案，[②]但由于我国地方性法规数量众多，为避免备而不审的情况，应成立专门审查机构，明确审查内容和程序机构进行审查，进一步加强全国人大常委会对地方法律的事先监督。二是对北京市、新疆自治区在对口援疆工作中贯彻实施民族区域自治法及配套法规进行执法检查。根据《各级人民代表大会常务委员会监督法》，全国人大常委会定期组织《民族区域自治法》的执法检查，但没有硬性的规定来制约地方政府的行为。未来，应依法加强全国人大专门委员会执法检查的权限，更有效发挥督促检查作用。

---

① 《中华人民共和国宪法》，国务院法制办公室编：中华人民共和国法律全书(第四版)，北京：中国法律出版社，2016 年，第 7 页。

② 国务院法制办公室编：《中华人民共和国法律全书(第四版)》，北京：中国法律出版社，2016 年，第 1—95 页。

第二，完善北京市人大及其常委会的立法监督。地方各级人大及其常委会有权对本级预算进行审查监督，以促进政府依法科学理财，不断提高财政资金使用效率。2014 年修订的《预算法》第 21 条规定，县级以上地方各级人大及常务委员会监督本级总预算的执行；审查和批准本级预算的调整方案；审查和批准本级决算。[①] 2014 年“全口径预算管理”被纳入《预算法》，全口径预算管理是指将全部政府收支纳入预算，并实行与其相适应的管理和监督。从这个意义上讲，北京市级所有的收入和支出包括对口援疆的资金均应纳入预算管理，受北京市人大监督范围。[②] 随着 2015 年新修订的《预算法》出台，《北京市预算监督条例》也亟待修订，具体表现为：

（1）完善人大审查监督部门预算的法律条款。细化人大审查监督部门预算的工作程序。预算审查是代表的重要权利，虽然《预算法》对人大审查政府预算的程序进行了规定，但在时间保障等方面仍然没有进行细化。建议在《北京市预算监督条例》中，对《预算法》第 22 条关于人大在预算管理中的职权进一步细化，明确工作程序和方法。（2）规范有关专门委员会参与预算审查的工作制度。所有专门委员会分别对联系的政府部门当年部门预算进行审查，并在财经委员会初审会议上提出书面意见和建议。人大财经委、预算工委在政府“定盘子”前，积极参加对口援疆有关预算编制方面的会议，听取政府新增财力初步安排情况，提前了解有关情况，供人大常委会审议时参考。（3）推动预算执行审查和绩效审查的制度建设。在执行审查时，对于对口援疆的预算草案进行分析研究，重点考虑指标安排是否合理，收支是否平衡，法定支出是否达到要求，支出项目安排是否合

① 《中华人民共和国预算法》，国务院法制办公室编：《中华人民共和国法律全书（第四版）》，北京：中国法律出版社，2016 年，第 4—20 页。

② 朱浩鹏：《加强对我市政府全口径预算决算审查监督的研究》，北京财政学会编：《财政改革理论与实践探索：2013 年度北京财政学会优秀科研成果选》，北京：中国财政经济出版社，2014 年，第 162 页。

理。在事后绩效审查时,强化与政府审计部门的沟通,及时跟踪并督查各部门落实审计意见,加强预算执行监督。

第三,完善新疆自治区及和田地区人大及其常委会的立法监督。(1)新疆自治区人大及常委会按照《就业促进法》《环境保护法》《新疆维吾尔自治区民族团结进步工作条例》等中央及地方法规,对北京市援疆的项目资金使用、援疆的经济和生态效应、援疆促进就业权和培训权的保障、援疆中的民族团结等行为进行定期执法监督,并向北京市和田援疆指挥部反馈意见。(2)新疆自治区人大及常委会、和田地区人大及其常委会定期对和田地区政府就《新疆维吾尔自治区受援地区工作条例》《新疆维吾尔自治区民族团结进步工作条例》《中华人民共和国义务教育法》和《新疆维吾尔自治区实施〈义务教育法〉办法》等地方法规的实施情况进行监督检查,对援疆项目的进展和效果进行评估并提出整改意见。(3)和田地区人大及常委会有权对"交支票"等已经纳入和田地区财政收支的援疆资金,按照《预算法》赋予的职能进行调查监督。

二、完善对口援疆的行政监督制度

行政监督是指行政机关中有隶属关系的上级对下级之间,以及专门进行审计、监察的部门对公务员进行的监督。对口援助工作涉及各级行政机关、跨地域的行政机关之间的合作与协调,建立健全对口援助的行政监督制度,构建对口援助的监督体系具有重要意义。

第一,完善援疆工作的绩效管理机制。对口援助民族地区不仅是资金监督,更需要对援助居民满意度、民族团结等社会效果进行评估。政府绩效考评不同于财政和审计部门的考评,它包括履职效率、依法行政、管理效能、服务效果等方面的几十个考评指标,是更全面综合的考评。2009 年,北京市作为全国政府绩效管理试点,设立了政府绩效考评小组,由市政府主要负责人担任组长,北京市政府绩效考评办作为日常办事机构，目前已经实现对16个区和60个左右的市政府组成部门和直属单位进行日常考评，引入第三方机构进行服务对象满意度调查，更客观地反映效能监察机制。① 但由于北京市对口援助合作办和援疆、援藏、援青指挥部并没有纳入政府绩效考评。应将包括援疆和田指挥部在内的对口援助部门纳入政府考核，通过聘请第三方对援疆服务对象满意度进行调查等方式，进行系统化、科学化的绩效监督。北京市支援合作办也要研究健全相应的考核评估机制，按照对口援助项目管理办法的相关要求，会同有关部门对项目资金管理工作进行督促检查。

第二，完善行政监督交叉监督机制。一是完善对口援助工作中上下级之间的互相监督机制，通过上下级之间的互相了解和彼此制约来保证对口援助顺利开展。二是完善对口援助工作中援受双方之间的互相监督机制。成立北京市援建新疆监督检查工作领导小组，由援受双方共同参与。比如援受双方原则上按照援建方式组织开展监督检查，交钥匙项目由支援方负责监督检查，交支票项目由受援方负责监督检查，联合共建项目由支援方会同受援方共同负责监督检查。监督时各部门要注意结合职能，加强协调配合，避免多头检查和重复检查。

第三，完善行政监察机制。行政监察是指在行政功能系统中设置的专门负责检察职能的机关对公务人员行为的监督，主要法律依据是《中华人民共和国行政监察法》。目前，北京市援疆指挥部内部已经设立监察机关，与和田地区的监察机关协调配合开展对援建项目的监督检查工作，严肃查处发生的违规违纪问题。下一步应继续完善细化相关制度，确保援疆项目和资金使用安全。北京市作为全国监察体制改革试点，2017年1月设立了向北京市人大负责的监察

---

① 王皓、武红利：《16区政府60市级行政机关绩效考评首次网络直播》，《北京日报》2017年2月12日，第1版。

委员会①，全面监督所有公职人员，体现依规治党和依法治国有机统一。北京市对口援疆工作人员包括民主党派和无党派人士，随着试点工作的实施，监察委员会实现对公职人员的全覆盖，必将有利于加强对援疆工作的监督。

第四，完善审计监督机制。审计监督是指政府具有专门监督职能的审计机关对政府部门及公务人员的财政收支活动进行的审核和稽查，主要法律依据是《中华人民共和国审计法》，对援疆资金、财政等形成良好的制约作用。北京市审计部门与和田地区审计部门和纪委、财政部门、住房建设部门来配合监督。审计的具体内容包括五个方面：一是审计各项援建管理制度和落实情况。二是审计援建项目基本建设程序的履行情况，包括规划设计、投资计划等。三是审计项目建设招投标程序的履行情况，涉及设计、施工监理等部门。四是审计援疆资金的使用和管理情况，对其真实性和资金使用效益进行审计和效益评价，审计范围包括"交钥匙工程""交支票工程"和"定额补助"以及人员培训、设备采购和一些专项资金的使用。五是审计工程建设管理，包括质量安全进度、投资控制等方面。

三、完善对口援疆的社会监督制度

社会监督指的是公民、社会团体、群众组织以建议、批评、申诉、信访、控告等方式对行政行为实施的监督，是人民群众行使参与权、监督权、知情权、表达权的基本形式，主要法律法规依据是《行政诉讼法》《行政复议法》《国家赔偿法》《政府信息公开条例》等。社会监督包括公众监督和新闻舆论监督。随着人民群众主体意识的增强，以及行政活动的公开透明，公众监督作用日益彰显。完善对口援疆的

① 方芳、范俊生：《北京市监察委员会成立暨区级监察体制改革试点工作动员部署会召开》，《北京日报》2017年1月22日，第1版。

社会监督体制要把握以下重点：

第一，推进政务公开，深化政府工作公开透明。《中共中央关于全面推进依法治国若干重大问题的决定》指出，要全面推进政务公开，推进决策公开、执行公开、管理公开、服务公开、结果公开。社会监督的施行必须建立在充分了解和知晓政府运作的每个过程、环节信息的前提下，否则参政议政便无的放矢，监督更是无从谈起。对于北京市对口援疆的相关决策以及执行情况，对于援疆资金的分配及使用、项目建设和管理情况，对于对口援疆的审计结果、督查结果以及绩效考核结果，只要不涉及国家秘密和商业秘密，都应予以公开，以便于公众监督。

第二，完善公众参与监督体制。一是努力完善听证参与制度，对于援疆工作的重大问题，每年度举办听证会，积极听取受援地区公众的意见和建议，把公众合理意见适度纳入决策并及时进行公开，以便将援疆资金、项目优先投入民众最急需的领域。二是建立起公众列席参与重要会议的制度。定期邀请北京市民代表列席北京市对口援疆领导工作小组会议、邀请和田地区公众代表参与北京市援疆指挥部的相关会议，让公众及时了解决策过程，以便于更好地了解援疆的施政所向。三是建立公众意见建议、投诉定期办理制度。对于公众通过会议及公开报道所了解到的援疆动态而提出的书面意见和口头建议，要定期汇总和分析，对于合理的建议要及时纳入决策过程中，听民意汇民智，对于投诉应交由相关部门调查核实、督促整改，并及时反馈处理结果。

第三，构建"自媒体"时代的舆情法律监督环境。"自媒体"指的是公众借由微信、微博、微视频、客户端等渠道发表意见，像媒体一样生产并传播内容。就北京市对口援疆而言，一方面，需要建立政府部门、宣传部门、网信部门联动的援疆舆情监测、回应机制，做到及时回应舆论关切；另一方面，要完善对口援疆政策解读机制，主动发布权威信息，组织媒体深入和田地区采访，通过报纸、广播、电视等传统媒体和网站、微博、微信等新媒体来宣传援疆的法治进程和相关政策，使社会提高援疆法治化的意识，并营造全社会共同支持援疆工作的氛围。

第二节　健全北京市对口援疆的经济发展支撑体系

一、健全对口援疆的市场支撑机制

对口援疆离不开市场力量的参与，构建政府、市场、社会多元主体参与的帮扶体系，才能更好激发受援地区的内生动力。国内外经济发展的实践证明，一个地区单靠国家援助实现不了工业化，市场力量才是决定性的因素，巴西东北部等例子证明了发展最终要靠市场力量的推动。市场资本是逐利的，只有适合民营企业发展优势才能吸引更多民间资本。优惠的政策、完善的公共服务，科技高效的投入产出、相对便宜的成本、发达的市场、甚至美丽的风景，都是民间资本所向往的投资环境。相比东部地区，和田在公共服务等方面并不占优势，这就需要借助北京市援疆的外力吸引企业、民间资本帮扶、投资和田。除此之外，和田地区也要在公共服务水平上下功夫，优化市政基础设施建设等硬环境，优化金融、科技、企业服务等软环境，通过提高自身发展水平吸引社会资本投资。

（一）构建市场主体参与援疆机制

充分动员北京民营企业、企业家帮扶援疆。北京是总部经济之都，2016 年符合首都功能定位的总部企业有 4001 家，利润占北京市企业利润的 9 成；拥有世界 500 强企业总部 58 家，连续四年位居世界第一；拥有中国企业 500 强总部 101 家，拥有外资企业总部 548 家。[①] 这

① 马婧：《总部经济综合发展能力连续十年位居国内城市之首总部经济助推首都产业升级》，《北京日报》2017 年 2 月 1 日，第 2 版。

些总部企业基本都有企业社会责任部门，企业家社会责任感强，对扶贫帮扶事业也很感兴趣。北京市需要制定相关办法，充分动员总部企业和企业家赴新疆和田地区进行对口帮扶，通过设立总部企业援疆基金会、建立农牧业产业基地等形式帮扶，发挥企业灵活、市场思维能力强的优势。

积极组织北京民间资本投资和田。北京市民间资本活跃，北京市政府可以通过组织在京民企和田招商引资洽谈会、组织在京民营企业家赴和田考察等方式进一步增进民营企业家对和田地区的了解。加大招商引资力度。帮助完善和田招商引资政策，提高投资吸引力。引导和鼓励市属企业、民营企业来和投资，争取引进一批劳动密集型企业，推动铅锌矿等矿产资源开发。建立招商引资企业联系人制度，提高为来和田投资企业的服务意识、质量和效率。

构建 PPP(政府与社会资本合作)融资平台吸引社会资本投资。利用援疆资金建设和田地区等 PPP 融资平台，扩大和田地区的重点领域投资，吸引各类社会资本参与垃圾处理设施、公路建设等市政重点项目的投融资、建设和运营，促进民间投资，扩大公共服务产品供给。同时，和田地区也要制定相关办法，简化规范 PPP 项目审批程序，明晰政府支出责任，保障项目合理回报，做好项目信息公开，利用基金等方式提供融资便利，不断激发社会资本参与 PPP 项目积极性。

(二) 充分发挥首都金融融通作用

金融是实体经济的血脉，与实体经济是共生共荣关系。金融的四大基本功能包括融资中介、支付清算、信息咨询、风险管理。[①] 金融体系的作用不仅能为和田地区提供资金池，解决资金融通问题，还能为和田地区发展创造一个有效率的市场环境。北京市作为全国金

① 崔慧民、马涛：《把握好金融与实体经济关系》，《人民日报》2016 年 11 月 4 日，第 7 版。

融机构的总部所在地，在金融方面有着独特的优势，要充分发挥北京市金融方面的独特优势。

一要鼓励首都社会资本在和田发起成立南疆民营银行，支持民营银行在和田设立分支机构、村镇银行、小额贷款公司等小微型金融机构，改善和田地区融资环境。二要加大金融支持力度，引导北京银行、北京农商银行等北京市属银行扩大对和田地区信贷投放，重点用于交通、水利等基础设施建设项目等与贫困人口生产生活息息相关的领域。三要深化间接融资，培育发展南疆金融市场，让每一笔财政资金发挥乘数效应、杠杆作用。2016 年北京银行投入 200 亿元成立京津冀股权投资基金，预计带动社会投资近千亿元①，北京市属银行有必要建立类似的股权投资基金，吸引社会资金投向和田。四要完善金融服务城镇农村，北京银行在设立村镇银行方面富有经验，延庆村镇银行曾被评为国家农村金融服务领域创新案例②，要适时把相关村镇银行金融服务辐射到和田地区；针对农民、城镇创业者等信用不足、抵质押物缺乏等问题，要创新管理模式，为农民和城镇创业者发展产业提供小额担保贷款。五要建立扶贫金融专员派驻制度，通过派遣北京市系统的金融干部到和田地区，通过“传帮带”、培训等方式提高当地金融工作人员的业务水平，改善和田地区的金融软环境。

（三）以“一带一路”为契机建设开放市场

利用北京新疆两地参与“一带一路”建设的契机，建设对外交往平台、人文交流平台、科技支撑平台和服务支持平台，促进和田地区发展。和田地区处于丝绸之路经济带和中巴经济走廊的重要节点，

---

① 《北京银行全力服务京津冀协同发展为国家战略引入金融活水》，《人民日报》2017 年 3 月 14 日，第 18 版。

② 《北京银行全力服务京津冀协同发展为国家战略引入金融活水》，《人民日报》2017 年 3 月 14 日，第 18 版。

中央政府明确把新疆定位为丝绸之路经济带核心区，为和田地区发展开辟了新空间。

和田地区可依托北京市援疆平台，进一步扩大开放步伐，将和田地区的地缘优势以及特色农副产品、矿产、光热、人力等资源与北京的国际城市定位结合，通过京交会等平台将和田产品销往国外。北京市可利用中巴经济走廊，推动国际产能和装备制造合作，结合北京产业优势，重点支持汽车、装备制造等产业企业“走出去”，销往中亚等国。目前，北汽集团目前在巴基斯坦、南非和墨西哥已分别建立工厂。[①] 2016 年 9 月 28 日，北汽福田汽车向中国路桥巴基斯坦喀喇昆仑公路二期项目交付 157 辆各种类型工程车，参与“一带一路”重要项目建设。[②] 未来，可在和田地区建设工厂，利用中巴经济走廊向巴基斯坦出口汽车。北汽集团可在和田地区建设分工厂，既可以拓展西部市场，也可以辐射中亚地区，成为中国汽车出口中亚的“桥头堡”。

二、完善产业支撑机制

发展是稳定的基础，稳定是发展的前提。当前，贫困和就业问题是影响和田社会稳定的重要因素。必须把发展产业作为和田发展的主渠道，充分发挥和田地区土地、矿产、大量的富余劳动力及北京的科技、市场、人才、资金等优势，提升农业产业化发展能力，推进工业化进程，助力城镇化发展，实现北京产业援疆的重大突破，推动受援地产业发展上台阶，大幅提升自我发展能力。

以非首都功能疏解为契机加快产业引入。北京市正在推进非首

---

① 李志伟、蒋安全：《北汽集团南非公司正式开建》，《人民日报》2016 年 8 月 31 日，第 21 版。

② 贺勇：《北京鼓励企业“抱团出海”》，《人民日报》2016 年 9 月 29 日，第 10 版。

都功能疏解，疏解的一般制造业可以适当转移至和田地区。汽车工业能带动多个相关配套产业发展，有利于实现产业集聚，还能直接和间接带动大量人口就业。比如北京现代沧州工厂 2016 年竣工投产后，将直接带动整车及零部件产业就业人数超过 6000 人。未来将带动整车、零部件、物流等产业产值将超过 500 亿元。[①] “十二五”期间，北汽集团已经在河北沧州、江西景德镇、广东增城、湖南株洲、云南德宏等地都有布局，但在西北地区还没有布局，北京市应适时推动北汽集团在和田地区布局汽车产业，作为北汽集团西北地区的产业基地。

加大产业培育力度。和田地区现有国有企业和民营企业普遍效益不佳，相当一部分企业依靠资金扶持生存。[②] 和田地区要想推进工业化进程，必须培育有市场竞争力的企业。北京市产业援疆应立足于手工地毯、维吾尔药材等民族特色产业和核桃大枣等特色农业、林果业，以及石油天然气矿产等资源产业，通过安排产业发展专项资金等方式，加大产业培育力度。一方面支持若干骨干企业做大规模，发挥骨干企业的龙头带动作用；另一方面支持若干有较大潜力的中小企业快速发展，形成一批有民族和地域特色的现代企业，提高受援地企业自我发展能力。

聚集提升工业园区，促进产城融合。北京市援疆要打造区域合作和产业承接发展平台，探索发展“飞地经济”引导发达地区劳动密集型等产业优先转移。推动和墨洛产业园区升级为国家级产业园，争取差异化政策。按照“和墨洛昆”一体化发展思路，引导错位竞争、差异化发展，促进产城融合。完善园区基础设施，支持标准化厂房建设。深化北京市经济技术开发区与和田市北京工业园、北京临空经

① 新华社：《北京现代汽车“河北产”京津冀协同发展成色几何》，2016 年 10 月 18 日，http://news.xinhuanet.com/fortune/2016-10/18/c_1119743333.htm，2016 年 11 月 2 日。

② 李学军：《对口援疆与南疆三地州自我发展能力提升研究》，五家渠：新疆生产建设兵团出版社，2016 年，第 166 页。

济核心区与十四师皮墨北京工业园"一对一"结对帮扶，提升园区服务管理水平。建设小微企业创业产业孵化基地。支持"一市三县"城镇小微企业创业产业园建设，为小微企业发展创造信息服务、技术咨询、金融服务等必要条件，推动大众创业，万众创新。

大力发展特色产业。发展精品特色林果业、畜牧业，加大农业新品种、新技术的推广力度。支持饲草基地建设，建设种羊、肉羊繁殖基地。实施品牌建设和原产地保护工程，推动现代服务业发展。支持和田农产品市场开拓，通过"公司＋农户""合作社＋农户"、兵地融合等组织方式，引进和培育农业产业化龙头企业，发展壮大集体经济规模，促进农民增收。设立脱贫互助资金、发展林果经济、庭院经济、特色养殖。支持电子商务和现代物流业发展，搭建特色产品网上销售平台。支持城乡农贸市场建设。支持旅游基础设施建设，重点支持国家5A级景区创建，支持和田旅游纪念品开发，发展旅游经济。在加工工业上线要科学论证，要考虑市场，不能建设全国供过于求的产业，不要生产没有特色、没有比较优势的产品。

建立科学高效的招商引资工作机制，帮助完善和田招商引资政策，提高投资吸引力。抓住国家"一带一路"战略，积极争取在京央企、有实力的民企来和田投资，重点立足和田的特殊优势，在矿产资源勘探开发、玉石交易以及铁路、公路等基础设施建设方面力争有新的突破；争取引进一批劳动密集型企业。建立招商引资企业联系人制度，提高为来和田投资企业的服务意识、质量和效率。

第三节　健全北京市对口援疆的民族团结支撑体系

一、完善民族交往交融机制

民族团结是我国各族人民的生命线，民族团结是做好民族工作的重中之重。就北京市对口援疆来说，要以民族团结为核心，将交流交往交融贯穿援疆工作全过程，不断深化交流交往内容，扩大交流交往规模，丰富交流交往形式，建立起民族交融的长效机制，使对口援疆成为“民心工程”。

贯彻实施好《新疆维吾尔自治区民族团结进步工作条例》。2016年1月开始实施的《新疆维吾尔自治区民族团结进步工作条例》是新疆维吾尔自治区推进民族团结工作法治化的重要法规，明确了工作机制和法律责任，是新疆自治区民族团结工作的纲领。北京市援疆工作必须严格遵守民族团结进步工作条例。

注重培育品牌交流活动。广泛开展京和两地文化体育交流活动。继续支持和田文艺团体进京交流演出，组织首都艺术家来和田交流、创作、演出，组织北京大学生艺术团深入和田乡村、连队演出；弘扬民族团结，支持创作反映和田历史文化、风土人情、美食特产、屯垦戍边、民族融合、发展成就、援建成果等方面的文艺作品。邀请北京篮球队、足球队、体育明星来和田开展交流友谊赛、表演赛。动员社会力量丰富交流深入推进“民族一家亲”及京和两地学校“结对子”“手拉手”活动，继续开展中小学生“热爱祖国，感受北京”；继续组织和田劳动模范、优秀党团员、兵团老战士和民族团结先进家庭及个人到京考察参观。鼓励社会团体、企业、个人以多种形式参与民族交流交往活动中。推动京和两地企业家交流交往和帮扶合作，促进京和两地企业共同发展。

二、优化少数民族就业机制

增加就业是维系民族团结的重要举措。民族经济发展了，少数民族民众富起来是检验标准。人力资本是贫困地区经济内生式发展的保障，提升和田地区的人力资本，首先要提高当地劳动力就业率，让劳动者在参与当地经济发展的过程中成长为熟练的技术工人、现代农民。

产业扩大就业。发展高效节水设施农业、畜牧业，支持发展庭院经济，就地就近吸纳农村劳动力就业。支持发展劳动密集型制造业，扩大第二产业吸纳就业的能力。比如核桃产业是和田地区农业的一项优势主导产业，核桃收入是农民主要收入来源之一，2015 年和田县产核桃 4. 56 万吨，产值达 9. 1 亿元，核桃人均收入 3119 元，占全县农民纯收入的 47. 7%。① 北京市援疆指挥部应帮助和田地区健全林果业生产、研发、加工、销售等全产业链体系，提升林果业产品附加值，提高农民收入。培训提升就业。一是以就业为导向，统筹职业教育资源，支持地区申办高等职业技术学院，以市场需求为导向，以年轻劳动力为重点，开展语言、实用技能、法律法规培训以及劳动观念教育，提升劳动者技能和素质。二是新建职业高中实训基地，培训手工羊毛地毯设计和质检人员、服装制作技术工人，为当地特色产业发展培养专业技能人才。三是支持学校和公司的合作，采用与企业签订订单的方式培训劳动者，发挥技术骨干作用，采用师傅带徒弟的方式为当地培训实用人才。四是教育培训，"十二五"期间，北京市累计选送 1529 名和田籍未就业大学生到首都师范大学等六所北京市属高校深造，及时补充了和田急需的双语教师、医疗卫生、农业和社区等专业技术岗位，首都师范大学为此还专门成立京疆学院定向培养和田籍未就业大学生。

发挥好援疆干部人才和北京专家作用。发挥北京援疆干部人才的传帮带作用，在管理理念、专业技术等方面为受援地培训干部人才。推动北京人才柔性援疆，充实首都服务和田发展专家顾问团，发挥好北京专家作用。加大专业技术人才培训力度，重点培养培训农林牧畜实用人才，城市规划、城乡建设、城市运营等公共管理人才，广播电视宣传等文化人才，企业管理、市场营销、技术研发等企业人才。

---

① 杨西强：《和田县保证核桃品质》，《和田日报》2016 年 8 月 23 日，第 2 版。

支持改善人才引进环境，统筹建设人才公寓和配套设施，设立人才专项补助资金，提升当地对人才的吸引力。

三、健全教育文化交流机制

完善教育援助机制。教育、医疗等社会事业的发展与少数民族群众利益密切，发展教育是解决贫困代际传递问题的关键所在，也是北京对口援助的重点。围绕现阶段教育存在的突出矛盾和问题，北京市教育援助的相关政策应以双语教育、基础教育、职业教育为重点，以示范校建设为引领，以提升教育教学质量为核心，全面提高受援地教育发展水平。（1）实施双语教育提升工程。依托京和两地教育院校，借力社会教育培训机构，加大双语教师培训力度。支持双语教育教学研究，完善在线双语教学内容和平台建设。（2）实施示范校带动工程。选择部分基础好的学校作为示范校，完善办学条件，援疆教师向示范校集中，推动北京重点学校与示范校"一对一""多对一"结对帮扶，在交流交往、挂职、培训等方面向示范校倾斜。鼓励以示范校为核心成立教育联盟，推广示范校教学和管理经验，带动和田教育教学质量整体提升。（3）实施校长能力提升工程。实施校长专项培训计划，支持校长工作室建设，全面提升校长素质和学校规范化管理水平。继续完善办学条件，补充建设一批双语幼儿园、中小学，缓解城镇适龄儿童入园、中小学生入学矛盾。继续实施农村寄宿制学校供暖和洗浴设施改造。补充更新幼儿园和中小学教学仪器设备。

完善医疗卫生援助机制。北京市医疗援疆重点应由硬件建设转向软件提升，推动建立南疆一流的"地区综合、县市特色、乡村达标"区域医疗卫生服务体系，重点提升基层医疗卫生服务水平，提高疾病防控能力，发挥救死扶伤、治病救人的感化功能。（1）打造一流地区人民医院。推动北京市三甲医院采取"多对一"结对帮扶，提升重点科室的业务水平，新设填补和田空白的专业科室，将和田地区人民医院打造成为南疆临床医学诊疗中心、教学中心和培训中心，带动市县乡村医疗服务能力提升。重点培训学科带头人，发挥北京医疗资源优势，运用现代科技手段，推动地区人民医院、县市人民医院开展远程医疗会诊，让和田群众能够享受到北京优质医疗服务。(2)培育特色县市医院。继续支持洛浦县、墨玉县、和田县人民医院基础设施建设、医疗设备配置和人员培训，全面提升医疗水平和医院管理水平。围绕诊疗需求大、发病率高的心血管疾病、传染病、妇产科、儿科等，推动北京医疗机构"一对一""多对一"结对帮扶，培育特色专业科室，打造区域特色医疗中心。支持维吾尔医院建设。(3)实施乡村卫生院(室)达标工程。推动医疗卫生资源配置进一步向乡村倾斜，分批实施"一市三县"乡镇卫生院和村卫生室达标建设。重点培训乡镇医院和村卫生室全科医生。

完善公共文化援助机制。以现代文化为引领，引导群众世俗化、情趣化生活，增强中华民族民族认同感，增进民族团结。(1)推进文体设施建设。支持地区、县市文化体育设施建设。结合基层组织阵地建设，推进村、连队篮球场、足球场、乒乓球室建设。支持乡镇百姓舞台、民俗文化场所建设，为乡村群众开展文化活动创造条件。支持广播、电视村村通工程。(2)提供优秀文化产品。帮助引进和译制国内外优秀影视作品、图书，让和田群众能够享受到优秀文化成果。支持当地文化团体创作群众喜闻乐见的文化作品。支持地县文工团、歌舞团下乡演出。(3)开展群众文体活动。支持开展群众性体育文化活动，坚持举办"北京杯"农牧民篮球赛等群众喜爱、广泛参与的品牌活动，丰富群众文化生活，形成积极向上的社会氛围。支持开展中小学篮球、足球、乒乓球等赛事活动，支持学生社团建设，活跃校园文化。(4)培养文体专业人才。继续开展文艺体育等专业人才培训。培训图书馆、文化馆、博物馆等专业技术人才。

图书在版编目(CIP)数据

北京市对口援疆的法治保障研究/高玉著. —上海:上海三联书店,2021.1
ISBN 978-7-5426-6958-2

Ⅰ.①北… Ⅱ.①高… Ⅲ.①社会主义法治—建设—研究—新疆 Ⅳ.①D927.45

中国版本图书馆CIP数据核字(2020)第016102号

北京市对口援疆的法治保障研究

著　　者/高　玉

责任编辑/吴　慧
装帧设计/徐　徐
监　　制/姚　军
责任校对/张大伟　王凌霄

出版发行/上海三联书店
(200030)中国上海市漕溪北路331号A座6楼
邮购电话/021-22895540
印　　刷/当纳利(上海)信息技术有限公司

版　　次/2021年1月第1版
印　　次/2021年1月第1次印刷
开　　本/890×1240　1/32
字　　数/125千字
印　　张/5.125
书　　号/ISBN 978-7-5426-6958-2/D·445
定　　价/30.00元